Lars Gellner
Cathrin Spellner

Erdkunde an Stationen

Übungsmaterial zu den Kernthemen des Lehrplans

7/8

Auer

Die Herausgeber:

Marco Bettner: Rektor als Ausbildungsleiter, Haupt- und Realschullehrer, Referent in der Lehrerfort- und Lehrerweiterbildung

Dr. Erik Dinges: Rektor einer Förderschule für Lernhilfe, Referent in der Lehrerfort- und Lehrerweiterbildung

Die Autoren:

Lars Gellner: Stufenleiter an einer Förderschule für Lernhilfe mit fachlichem Schwerpunkt Gesellschaftslehre, Prüfer beim Amt für Lehrerbildung (AfL) in Hessen, zahlreiche Veröffentlichungen

Cathrin Spellner: Lehrerin an einer Förderschule für Mathematik, Erdkunde und Biologie, Beratungslehrerin für Suchtprävention und Drogenfragen

Gedruckt auf umweltbewusst gefertigtem, chlorfrei gebleichtem
und alterungsbeständigem Papier.

2. Auflage 2012
Nach den seit 2006 amtlich gültigen Regelungen der Rechtschreibung

Illustrationen: Steffen Jähde
Umschlagfoto: Fotolia
Satz: Typographie & Computer, Krefeld
Druck und Bindung: Franz X. Stückle Druck und Verlag, Ettenheim
ISBN 978-3-403-**06514**-2

www.auer-verlag.de

Inhaltsverzeichnis

Vorwort

Bei den vorliegenden Stationsarbeiten handelt es sich um eine Arbeitsform, bei der unterschiedliche Lernvoraussetzungen, unterschiedliche Zugänge und Betrachtungsweisen und unterschiedliche Lern- und Arbeitstempi der Schüler[1] Berücksichtigung finden. Die Grundidee ist, den Schülern einzelne Arbeitsstationen anzubieten, an denen sie gleichzeitig selbstständig arbeiten können. Die Reihenfolge des Bearbeitens der einzelnen Stationen ist dabei ebenso frei wählbar wie das Arbeitstempo und meist auch die Sozialform.
Innerhalb einer Stationsarbeit können Sie als Lehrkraft Stationen als Wahl- und als Pflichtaufträge deklarieren (siehe Laufzettel). Aufgrund der individuellen Lernvoraussetzungen haben wir bewusst auf eine Vorgabe verzichtet.

Als dominierende Unterrichtsprinzipien sind bei allen Stationen die Schülerorientierung und Handlungsorientierung aufzuführen.
Schülerorientierung meint, dass die Lehrkraft in den Hintergrund tritt und nicht mehr im Mittelpunkt der Interaktion steht. Diese wird zum Beobachter, Berater und Moderator. Aufgabe ist nicht das Strukturieren und Darbieten des Lerngegenstandes in kleinsten Schritten. Durch die vorbereiteten Stationen schafft die Lehrkraft eine Lernatmosphäre, in der Schüler sich Unterrichtsinhalte eigenständig erarbeiten bzw. Lerninhalte festigen und vertiefen können.
Handlungsorientierung meint, dass das angebotene Material und die Arbeitsaufträge für sich selbst sprechen. Der Unterrichtsgegenstand und die zu gewinnenden Erkenntnisse werden nicht durch die Lehrkraft dargeboten, sondern durch die Auseinandersetzung mit dem Material und die eigene Tätigkeit gewonnen und begriffen.

Mit dieser Veröffentlichung möchten wir – wie bereits erwähnt – Materialien zur Verfügung stellen, die den unterschiedlichen Lernvoraussetzungen von Schülern gerecht werden. Jeder Einzelne erhält seinen eigenen Zugang zum inhaltlichen Lernstoff. Die einzelnen Stationen ermöglichen das Lernen mit allen Sinnen bzw. berücksichtigen die unterschiedlichen Lerneingangskanäle. Dabei werden sowohl visuelle (sehorientierte) als auch haptische (fühlorientierte) und auch intellektuelle Lerntypen angesprochen. An dieser Stelle werden auch gleichermaßen die Bruner'schen Repräsentationsebenen (enaktiv bzw. handelnd, ikonisch bzw. visuell und symbolisch) mit einbezogen. Aus Ergebnissen der Wissenschaft ist bekannt: Je mehr Eingangskanäle angesprochen werden, umso besser und langfristiger wird Wissen gespeichert und dementsprechend fester verankert. Das vorliegende Arbeitsheft unterstützt in diesem Zusammenhang das Erinnerungsvermögen, das nicht nur an Einzelheiten und Begriffe geknüpft ist, sondern häufig auch an die Lernsituation.

Mithilfe der vorliegenden Arbeitsblätter erhalten die Schüler einen geografischen, ökologischen, wirtschaftlichen, in Ansätzen auch geschichtlichen und politischen Überblick über Deutschland, Europa und die Welt. Sie erfahren, dass ihr eigener Lebensraum und die dort gegebenen Lebensbedingungen nicht isoliert betrachtet werden können.

Die Materialien sind in allen Schulformen einsetzbar. Sie berücksichtigen die in den Lehrplänen der Bundesländer formulierten zu vermittelnden Kompetenzen (Kenntnisse, Einsichten, Arbeitstechniken und Methoden).

---

[1] Wenn in diesem Buch von Schüler gesprochen wird, ist immer auch die Schülerin gemeint. Ebenso verhält es sich mit Lehrer und Lehrerin.

Materialaufstellung und Hinweise zu den einzelnen Stationen

Arbeitsmethoden im Erdkundeunterricht

Die Seiten 8 bis 18 sind in entsprechender Anzahl zu vervielfältigen und den Schülerinnen und Schülern bereitzulegen. Als Möglichkeit zur Selbstkontrolle können Lösungsseiten erstellt werden.

S. 8	Station 1:	Auswertung von thematischen Karten: evtl. Atlas bereitlegen
S. 9	Station 2:	Auswertung und Erstellung von Klimadiagrammen
S. 10	Station 3:	Auswertung von Sachtexten: Duden bereitlegen
S. 12	Station 4:	Auswertung von Statistiken
S. 14	Station 5:	Auswertung von Tabellen
S. 16	Station 6:	Recherche im Internet: Computer mit Internetzugang bereitstellen
S. 17	Station 7:	Pro-/Kontradiskussionen: Partnerarbeit
S. 18	Station 8:	Kurzvorträge mit PowerPoint: Computer mit Internetzugang und PowerPoint (oder vergleichbares Präsentationsprogramm) bereitstellen

Leben mit unterschiedlichen Bedingungen

Die Seiten 19 bis 31 sind in entsprechender Anzahl zu vervielfältigen und den Schülerinnen und Schülern bereitzulegen. Als Möglichkeit zur Selbstkontrolle können Lösungsseiten erstellt werden.

S. 19	Station 1:	Menschen in der Wüste: Atlas bereitstellen
S. 21	Station 2:	Bewohner in der Savanne: Atlas und Computer mit Internetzugang bereitstellen
S. 23	Station 3:	Naturvölker in den Tropen: Atlas bereitstellen
S. 24	Station 4:	Jäger der Arktis
S. 26	Station 5:	Polarnacht in Skandinavien: Computer mit Internetzugang bereitstellen
S. 27	Station 6:	Klimazonen beeinflussen Russland: Computer mit Internetzugang bereitstellen
S. 29	Station 7:	Landschaftsformen Neuseelands: Partnerarbeit
S. 30	Station 8:	Tokio in Raumnot: Computer mit Internetzugang bereitstellen

Pulverfass Erde

Die Seiten 32 bis 41 sind in entsprechender Anzahl zu vervielfältigen und den Schülerinnen und Schülern bereitzulegen. Als Möglichkeit zur Selbstkontrolle können Lösungsseiten erstellt werden.

S. 32	Station 1:	Risikogebiete für Naturkatastrophen
S. 33	Station 2:	Die Erde bebt: Atlas bereitstellen
S. 34	Station 3:	Vulkane und Profit: Partnerarbeit
S. 36	Station 4:	Naturkraft Wind: Atlas bereitstellen
S. 38	Station 5:	Naturkraft Eis
S. 39	Station 6:	Naturkraft Wasser: Computer mit Internetzugang, Papier, Schere, Kleber bereitstellen
S. 40	Station 7:	Achtung Waldbrände: Atlas bereitstellen
S. 41	Station 8:	Dürrekatastrophen und ihre Folgen: Partnerarbeit; Atlas bereitstellen

Die Welt auf dem Prüfstand

Die Seiten 42 bis 52 sind in entsprechender Anzahl zu vervielfältigen und den Schülerinnen und Schülern bereitzulegen. Als Möglichkeit zur Selbstkontrolle können Lösungsseiten erstellt werden.

S. 42	Station 1:	Wasser – kostbar wie Gold: Atlas, Lexikon und Computer mit Internetzugang bereitstellen
S. 43	Station 2:	Hunger gehört zum Alltag
S. 44	Station 3:	Aids – eine weltweite Bedrohung: Lexikon und Computer mit Internetzugang bereitstellen
S. 45	Station 4:	Globale Umweltprobleme: Buntstifte, Lineal und Computer mit Internetzugang bereitstellen
S. 46	Station 5:	Kriege, Krisen und Konflikte: Atlas, Lexikon und Computer mit Internetzugang bereitstellen
S. 48	Station 6:	Flucht aus der Heimat: Atlas, Lexikon und evtl. Computer mit Internetzugang bereitstellen
S. 50	Station 7:	Globalisierung: Fluch oder Segen?: Lexikon und Computer mit Internetzugang bereitstellen
S. 52	Station 8:	Fairer Handel – ein Gewinn für alle: Computer mit Internetzugang bereitstellen

Die Europäische Union (EU)

Die Seiten 53 bis 69 sind in entsprechender Anzahl zu vervielfältigen und den Schülerinnen und Schülern bereitzulegen. Als Möglichkeit zur Selbstkontrolle können Lösungsseiten erstellt werden.

S. 53	Station 1:	Mitgliedsstaaten und Anwärter: Buntstifte, evtl. Lexikon und Computer mit Internetzugang bereitstellen
S. 54	Station 2:	Beitrittskandidat Türkei: Buntstifte bereitstellen
S. 55	Station 3:	Der Reformvertrag von Lissabon: evtl. Computer mit Internetzugang bereitstellen
S. 56	Station 4:	Die EU-Erweiterung: evtl. Computer mit Internetzugang bereitstellen
S. 58	Station 5:	Die EU und ihre Grenzen: Atlas und evtl. Lexikon und Computer mit Internetzugang bereitstellen
S. 59	Station 6:	Wirtschafts- und Währungsunion: evtl. Lexikon und Computer mit Internetzugang bereitstellen
S. 61	Station 7:	Der EU-Binnenmarkt: evtl. Lexikon und Computer mit Internetzugang bereitstellen
S. 62	Station 8:	Arme und reiche Regionen: evtl. Lexikon und Computer mit Internetzugang bereitstellen
S. 64	Station 9:	Der Außenhandel der EU
S. 66	Station 10:	Kampf gegen den Klimawandel: Lexikon und Computer mit Internetzugang bereitstellen
S. 67	Station 11:	Wissenswertes aus den EU-Staaten: evtl. Lexikon und Computer mit Internetzugang bereitstellen
S. 69	Station 12:	Teste dein Wissen rund um die EU: evtl. Lexikon und Computer mit Internetzugang bereitstellen

Laufzettel

für ______________________________

Pflichtstationen

Stationsnummer	erledigt	kontrolliert
Nummer _____		
Nummer _____		
Nummer _____		
Nummer _____		
Nummer _____		
Nummer _____		
Nummer _____		
Nummer _____		
Nummer _____		
Nummer _____		

Wahlstationen

Stationsnummer	erledigt	kontrolliert
Nummer _____		
Nummer _____		
Nummer _____		
Nummer _____		
Nummer _____		
Nummer _____		

Station 1

Auswertung von thematischen Karten

Name: ______________________

Aufgabe

Werte die Karte mithilfe der angegebenen Stichpunkte aus.

Thema der Karte:

____

____

Maßstab der Karte: ______________________

Räumliche Einordnung:

____

____

____

____

____

____

Aufbau der Legende:

____

____

____

____

____

____

Suche im Atlas eine Karte zum Dienstleistungsstandort Frankfurt-City, wie oben abgebildet.
Welche Fragen beantwortet die Karte?

____

____

____

____

____

____

____

Auswertung: Warum ist das so? Schreibe die Antwort auf ein Blatt.

Station 2

Auswertung und Erstellung von Kleindiagrammen

Name: ______________________

Aufgabe 1

Zeichne mithilfe der Tabellen Klimadiagramme. Welche Klimazone kannst du zuordnen?

Berlin	Jan	Feb	Mär	Apr	Mai	Jun	Jul	Aug	Sep	Okt	Nov	Dez
Temperatur (°C)	0	1	5	9	14	17	19	18	14	9	4	2
Niederschlag (mm)	45	35	40	40	55	70	55	60	45	40	45	60

Karesuando / Schweden	Jan	Feb	Mär	Apr	Mai	Jun	Jul	Aug	Sep	Okt	Nov	Dez
Temperatur (°C)	–16	–14	–10	–4	3	10	13	10	5	–2	–9	–14
Niederschlag (mm)	25	20	25	25	30	40	75	60	45	45	35	25

Aufgabe 2

Werte die Klimadiagramme aus. Welche Klimazonen kannst du zuordnen?

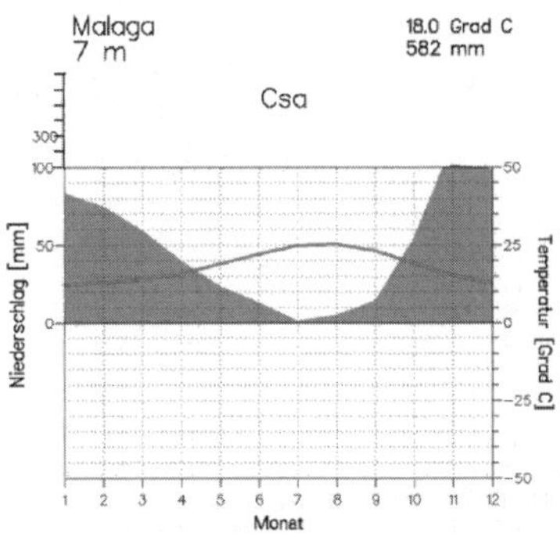

Monat / Temperaturminimum: ______/______ °C

Monat / Temperaturmaximum: ______/______ °C

Durchschnittliche Temperatur: ____________ °C

Monat / Niederschlagsminimum: ______/______ mm

Monat / Niederschlagsmaximum: ______/______ mm

Niederschläge im Jahr: ____________ mm

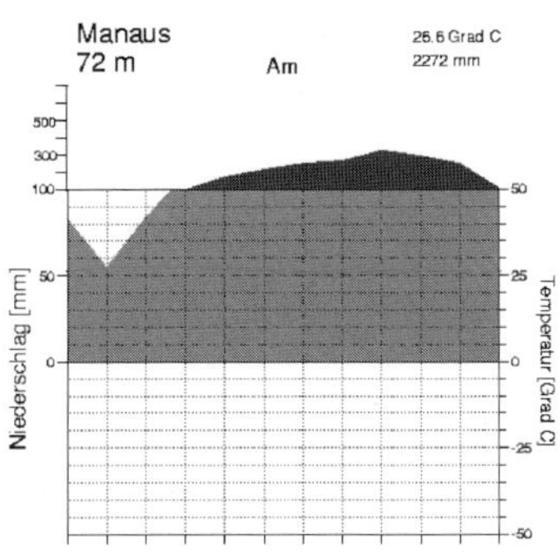

____

____

____

____

____

____

Station 3

Auswertung von Sachtexten I

Name: ______________________

____

Innerhalb von 23 Stunden und 56 Minuten dreht sie sich um ihre eigene Achse. Das nennt man Rotation. Die Erde braucht 365,26 Tage, um einmal die Sonne zu umlaufen. Alle vier Jahre haben wir ein sogenanntes Schaltjahr. Das hängt mit der Umrundung der Sonne zusammen. Drei Jahre lang hat das Jahr 365 Tage und im vierten 366 Tage, d.h. der Februar hat einen Tag mehr.

Die Erde umläuft die Sonne nicht kreisförmig, sondern auf einer elliptischen Bahn. Deswegen hat die Erde je nach Bahnposition auch einen anderen Abstand zur Sonne. Damit einhergehend ist auch ihre Bahngeschwindigkeit unterschiedlich. Die Erde rotiert außerdem von West nach Ost um die eigene Achse. Infolgedessen hat es für uns den Anschein, dass nachts die Sterne und tagsüber die Sonne nach Westen ziehen.

Die Ekliptik ist ein gedachter Großkreis. Er definiert eine Ebene, in der der Mittelpunkt der Erde und der Sonne liegt. Damit ist die Ebene der Ekliptik identisch mit der Erdbahn um die Sonne. Die Erdachse ist gegenüber der Erdbahn und somit gegenüber der Ekliptik um 23,5° geneigt. Demnach ist auch der Äquator gegenüber der Erdbahn um 23,5° geneigt.

Damit wird je nach Bahnposition abwechselnd die Nord- oder die Südhalbkugel stärker von der Sonne bestrahlt. Hierin liegt auch die Ursache für die Jahreszeiten, und nicht in der Entfernung zur Sonne. Im Juni ist die nördliche Halbkugel zur Sonne hin geneigt. So bekommt sie mehr Sonnenstunden pro Tag, es ist hier Sommer – die wärmste Jahreszeit. Bis Dezember hat die Erde die halbe Umlaufbahn um die Sonne zurückgelegt. Dann ist die südliche Halbkugel zur Sonne geneigt und es ist dort Sommer. Die Halbkugel, die von der Sonne abgewendet ist, bekommt weniger Sonneneinstrahlung. Deswegen herrscht dort Winter.

Weil sich die Erde innerhalb von etwa 24 Stunden einmal um sich selbst dreht, kommt es zu Tag und Nacht. Wegen der Erdneigung ist die Tag- und Nachtlänge von Ort zu Ort und von Monat zu Monat verschieden. So hat die Arktis auf der nördlichen Halbkugel zur Sommerwende völlige Tageshelle, die Antarktis dagegen völlige Dunkelheit. Zur Wintersonnenwende ist das Gegenteil der Fall. Nur am Äquator sind Tag- und Nachtlänge das ganze Jahr über fast gleich. Bewegt man sich vom Äquator die Breitengrade Richtung Pole entlang, ändert sich entsprechend die Dauer von Tag und Nacht.

Auswertung von Sachtexten II

Name: ____________________

Aufgaben

1. Lies den Text einmal insgesamt.
2. Unterstreiche unbekannte Wörter. Schlage diese im Duden nach.
3. Lies jeden Absatz noch einmal ganz genau.
4. Finde für die einzelnen Abschnitte des Textes eine Überschrift.

5. Mache dir zu jedem Absatz eine Notiz.

6. Fertige eine Skizze an.

7. Überlege noch einmal, worum es in dem Text geht. Finde für den Text eine passende Überschrift.

Station 4

Auswertung von Statistiken I

Name: ____________________

Aufgabe

Werte die Statistik mithilfe des Leitfadens aus.

Karte 1-4: Berufspendler von und nach Berlin 2006

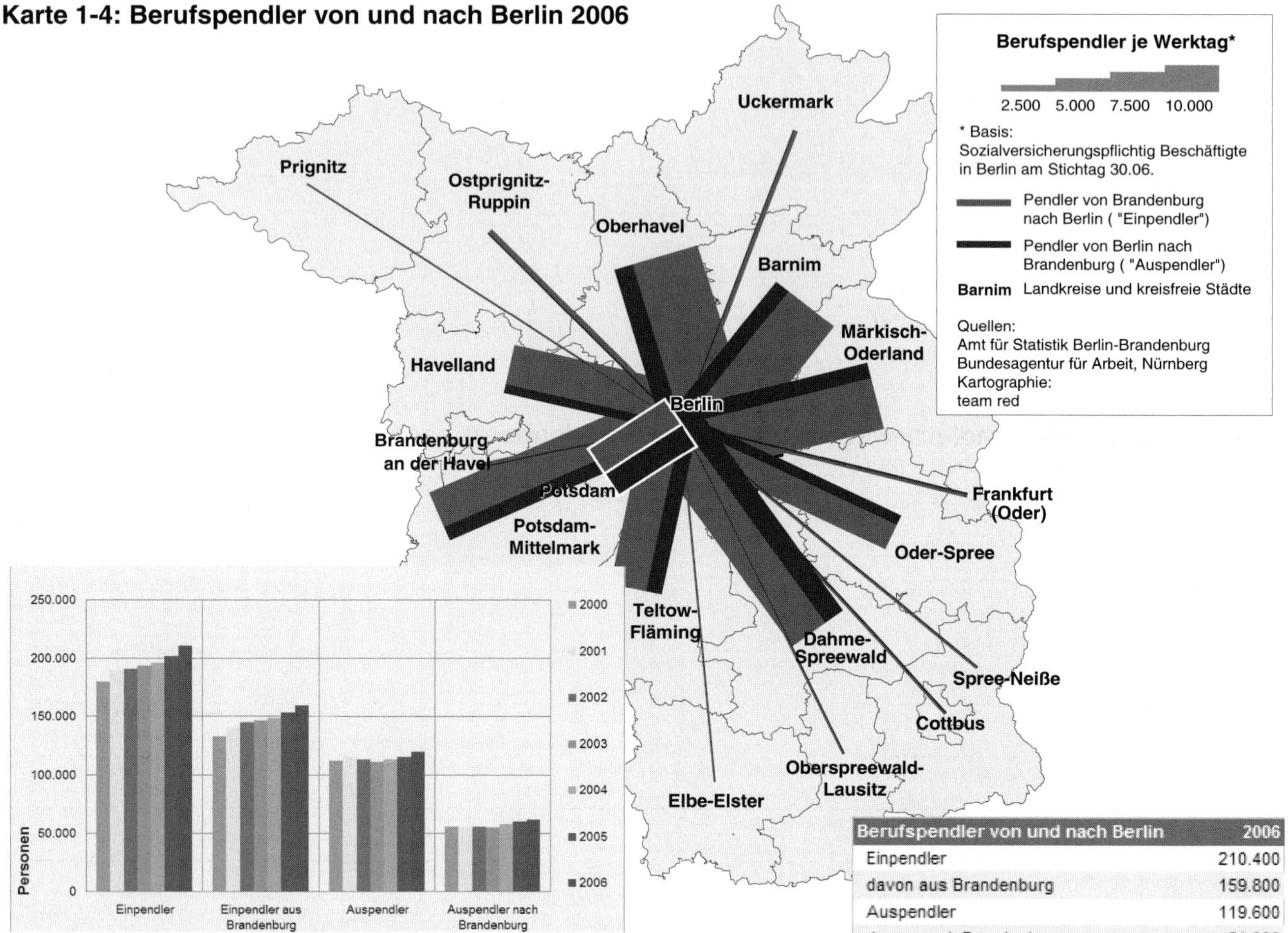

Pendlerströme von und nach Berlin

Berufspendler von und nach Berlin	2006
Einpendler	210.400
davon aus Brandenburg	159.800
Auspendler	119.600
davon nach Brandenburg	61.300

Leitfaden zur Auswertung einer Statistik

Thema der Statistik

Darstellungsform

Quelle

Räumliche und zeitliche Einordnung

Welche Fragen beantwortet die Statistik?
Beantworte die Fragen.

Formulieren wichtiger Aussagen und Beschreibung der Zusammenhänge

Interpretation/Zusammenfassung

Station 4

Auswertung von Statistiken II

Name: ____________________

Thema der Statistik: ____________________

Darstellungsform: ____________________

Quelle: ____________________

Räumliche und zeitliche Einordnung: ____________________

____

____

____

Welche Fragen beantwortet die Statistik?

1. Wie stellt sich das Verhältnis von Aus- zu Einpendlern zwischen Berlin und Brandenburg 2006 dar?
2. Wie stellt sich die Pendlerbewegung außerhalb Brandenburgs nach Berlin dar?
3. Wie stellt sich die Entwicklung der Pendlerbewegung in den letzten Jahren dar?
4. Aus welchen Landkreisen Brandenburgs wird besonders viel nach Berlin gependelt?

Beantworte die Fragen: ____________________

____

____

____

____

____

____

____

____

____

Formulieren wichtiger Aussagen und Beschreibung der Zusammenhänge:

____

____

____

____

Interpretation/Zusammenfassung: ____________________

____

____

____

Station 5

Name: ____________

Auswertung von Tabellen I

Erwerbstätige in Deutschland nach Wirtschaftssektoren

Jahr	Insgesamt	Land- und Forstwirtschaft, Fischerei *Anteil in %*	Produzierendes Gewerbe *Anteil in %*	Übrige Wirtschaftsbereiche, Dienstleistungen *Anteil in %*
2009	40265000	2,2	24,9	73,0
2007	39768000	2,1	25,5	72,4
2005	38851000	2,2	25,9	71,9
2003	38726000	2,3	27,0	70,7
2001	39316000	2,4	28,3	69,3
1999	38424000	2,5	29,5	68,0
1997	37463000	2,5	31,0	66,5
1995	37601000	2,9	32,6	64,6
1993	37555000	3,2	34,0	62,8
1991	38621000	3,9	36,6	59,5
1989	29480000	3,7	36,7	59,6
1987	28 531 000	4,1	37,3	58,6
1985	27608000	4,4	38,1	57,5
1983	26993000	4,8	38,9	56,3
1981	27453000	5,0	40,5	54,5
1979	26968000	5,3	41,2	53,6
1977	26198000	5,9	41,8	52,4
1975	26248000	6,6	42,4	51,0
1973	27181000	7,1	44,9	47,9
1971	26710000	7,9	46,1	46,0
1969	26228000	9,1	48,5	42,3
1967	25804000	10,2	47,5	42,3
1965	26755000	10,7	49,2	40,1
1963	26581000	11,8	48,6	39,5
1961	26426000	13,1	48,5	38,5
1959	24171000	15,4	47,2	37,4
1957	23683000	16,9	47,5	35,6
1955	22500000	18,5	47,1	34,4
1953	21074000	20,8	45,2	34,0
1951	20091000	23,1	44,2	32,7
1950	19570000	24,6	42,9	32,5

Quelle: © Statistisches Bundesamt, Wiesbaden 2010

Leitfaden zur Auswertung einer Statistik

Thema der Statistik

Quelle

Räumliche und zeitliche Einordnung

Welche Fragen beantwortet die Statistik?
Beantworte die Fragen.

Formulieren wichtiger Aussagen und Beschreibung der Zusammenhänge

Interpretation/Zusammenfassung

Station 5

Name: ______________________

Auswertung von Tabellen II

Aufgabe

Werte die Tabelle mithilfe des Leitfadens aus.

Thema der Tabelle: ______________________

Quelle: ______________________

Räumliche und zeitliche Einordnung: ______________________

____

____

Welche Fragen beantwortet die Tabelle?

1. Wie haben sich die Zahlen der Erwerbstätigen verändert?
2. Wie entwickelten sich Fischerei, Land- und Forstwirtschaft?
3. Wie hat sich das produzierende Gewerbe verändert?
4. Wie haben sich die übrigen Wirtschaftsbereiche und Dienstleistungen verändert?

Beantworte die Fragen: ______________________

____

____

____

____

____

____

____

____

____

Formulieren wichtiger Aussagen: ______________________

____

____

____

____

Interpretation/Zusammenfassung: ______________________

____

____

____

____

Station 6

Recherche im Internet

Name: ______________________

Aufgabe

Suche auf den Seiten www.blinde-kuh.de und www.google.de Informationen zu den verschiedenen Weltrekorden auf unserer Erde. Überlege genau, was du als Suchbegriff eingibst.

1. Finde die drei längsten Flüsse der Erde. Notiere Namen und Länge.

Name des Flusses	Kontinent	Flusslänge

2. Welcher Fluss ist der größte? Erkläre.

____

____

____

____

3. Wie tief ist das tiefste Meer und wie heißt es?

____

4. Nenne den größten Gletscher.

____

____

____

5. Benenne die drei größten Süßwasserseen.

Name des Süßwassersees	Kontinent	Größe

6. Wie heißt der heißeste Ort der Erde? Wie heiß kann es dort werden?

____

7. Der Grand Canyon ist weltbekannt. Erkläre.

____

____

____

Station 7

Pro-/Kontradiskussionen

Name: ______________________

Stadt oder Land?

Oft wird diskutiert, ob das Leben in der Stadt oder auf dem Land die Zufriedenheit der Menschen verbessert. Das Landleben bietet durch die Ruhe seine Vorteile. Die meisten Deutschen sind mit ihrem Leben in den ländlichen Regionen sehr zufrieden. Viele Stadtmenschen sind aber ebenso glücklich, gerade auch mit den vielfältigen städtischen Angeboten. Speziell in den Großstädten steigt die Lebenszufriedenheit stetig.

Aufgabe

Wie denkst du darüber? Würdest du lieber in der Stadt oder auf dem Land wohnen? Diskutiere Vor- und Nachteile mit einem Partner. Wo lebt man besser?

Vorteile Stadt	Nachteile Stadt

Station 8

Name: ____________________

Kurzvorträge mit PowerPoint

Aufgabe 1

Schreibe einen Kurzvortrag (ca. 10 Minuten).	☑ Kontrolle
Suche dir ein interessantes Thema aus, das zum Erdkundeunterricht passt.	☐
Überlege dir eine gute Überschrift. ____________________	☐
Besorge dir Informationen aus Büchern und dem Internet zu deinem Thema.	☐
Gliedere deinen Vortrag. ____________________ ____________________ ____________________ ____________________	☐
Überlege, was man zu den einzelnen Punkten sagen kann, und schreibe es auf.	☐

Aufgabe 2

Du brauchst jetzt einen Computer, auf dem PowerPoint vorhanden ist. Alternativ kannst du auch das Präsentationsprogramm von OpenOffice benutzen.

Erstelle eine Präsentation.	☑ Kontrolle
Einleitung: Gliedere deinen Vortrag. Hier soll grundlegend erklärt werden, worum es dir in deinem Vortrag geht. Hier kannst du auch deine Gliederung vorstellen. Wähle den Einstieg geschickt, denn er soll die Zuhörer motivieren.	☐
Hauptteil: Nutze deine Gliederung und erstelle zu jedem Punkt eine Seite. • Achte darauf, dass die Seiten anschaulich sind, z. B. durch Bilder. • Achte darauf, dass nicht zu viel Text auf den Seiten ist. • Achte darauf, dass die Schrift groß genug ist (mindestens 20 pt./Überschriften größer). Geeignet sind die Schriftarten Arial, Tahoma und Verdana.	☐
Abschluss: Gib deinen Zuhörern eine kurze Zusammenfassung und wiederhole wichtige Merkpunkte. Halte das auf der letzten Seite deiner Präsentation fest.	☐
Hinweise: *Vielleicht kannst du deine Zuhörer während der Präsentation durch eine Aufgabe mit einbeziehen? Lasse sie Vermutungen anstellen, einen Lückentext ausfüllen, ein Rätsel lösen … Überlege dir, was du beim Vortragen beachten musst (Sprechtempo, …).*	☐

Station 1

Menschen in der Wüste I

Name: ____________

Aufgabe 1

Beschrifte die Skizze: Steinwüste, Sandwüste, Gebirgswüste, Kieswüste

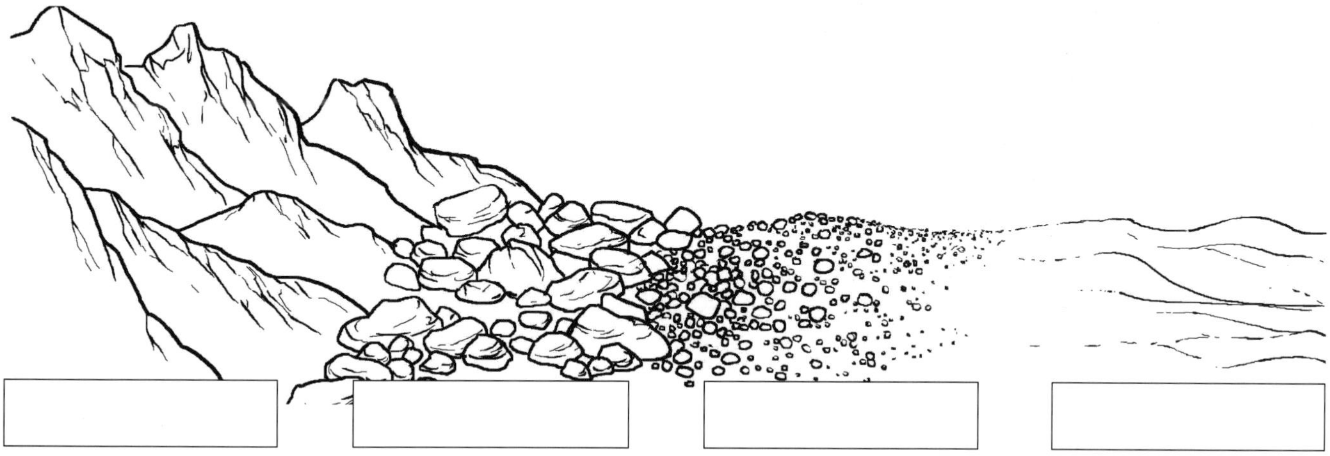

Aufgabe 2

Ergänze im folgenden Text die fehlenden Wörter aus dem Kasten.

Schutz – Minze – Holz – Niederschläge – Inseln – Poren – Früchte – Wasser – Strecken – Wüste – Sand – Schatten – Wirtschaftsraum – Beete – intensiv – Bewässerungssystem – Körben – Salat – Palmblätter – Lebensfeindliche – Zitrusbäume – Strauch – Grundwasser – unterirdischen – Vorräte – Brennmaterial – Matten – Wedel – Export

______________ Wüste?

Über weite ________ hinweg nichts als ________, kein Mensch, kein Tier, kein ________, kein ________. Wie kann ein solches Gebiet Lebens- und ______________ sein? Oasen – grüne ________ inmitten der ________ halten dauernd Wasser bereit. Die meisten Oasen bekommen ihr Wasser durch ____________ (neben Quell- und Flussoasen). Das Wasser sammelt sich in den ________ des ____________ Gesteins. Nur die wenigen ______________ am Rande der Wüste füllen die ____________ auf. Typisch für die Oase ist die Dattelpalme. Sie ist vielseitig nutzbar. Ihre ________ sind Nahrung für Mensch und Tier. Die jungen ____________ ergeben einen guten ________. Das ________ der Dattelpalme dient als Bau- und B____________, die W__________ zur Herstellung von ________ und ________. Auch der ________ der Dattelfrüchte ist ein wesentlicher Punkt.

Da alles Leben in der Wüste vom Wasser abhängig ist, werden die Oasen ________ genutzt. Die Palmen liefern ________, sodass Oliven-, Feigen-, Granatäpfel- und __________ in ihrem ________ wachsen können. In deren Schutz wachsen wiederum Bohnen, Gewürze, ________, Getreide usw. Mit einem ______________ werden die ________ mit Wasser versorgt.

Leben mit unterschiedlichen Bedingungen

Name: ____________________

Menschen in der Wüste II

Aufgabe 3

Lies den Text aufmerksam durch.

Die Nomaden sind ganz besonders auf die Wasserstellen der Wüste angewiesen. Die Wanderhirten ziehen mit ihren Kamelen von Oase zu Oase. Früher waren die Nomaden die Herren der Wüste. Sie boten Karawanen Schutz, betrieben Sklavenhandel und auch Handel mit den Oasenbauern. Meist waren die Oasen sogar Eigentum der Nomaden, weshalb ihnen die Bauern unterstanden.

Man unterscheidet Nomaden, die Viehzucht betreiben, von Nomaden, die sich auf den Handel spezialisiert haben. Letztere transportieren auf ihrer Wanderschaft mit den Tieren zahlreiche Güter durch die Wüste. Die Oasen waren früher die einzigen Plätze, an denen Waren ausgetauscht werden konnten. Hirtennomaden ziehen beständig auf der Suche nach Weideland für ihre Tiere durch die Wüste.

Aufgabe 4

Erkläre den Unterschied zwischen Hirtennomaden und Nomaden, die sich auf den Handel spezialisiert haben.

____

____

____

____

Aufgabe 5

Erkläre, was die folgende Aussage für die Nomaden bedeutet und welche Folgen damit verbunden sind.

Heute sind in der Wüste Straßen angelegt. Lastkraftwagen transportieren die Waren schneller und zuverlässiger als die Kamele. Dazu kommen neue Staatsgrenzen.

____

____

____

____

____

____

Bewohner der Savanne I

Name: ______________________

Aufgabe 1

Ergänze im folgenden Text die fehlenden Wörter aus dem Kasten.

Kuhdung – nomadischen – Weidegründe – Massai – schützend – Hütten – geschwächt – Riftvalley – Naturreservate – Dürren – Sudan – Clans – Kenia – Tansania – rituellen – Stamm – entvölkert – Schaffleisch – Enkang

Massai sind der bekannteste Volksstamm in ______________ und ______________. Ursprünglich kommen sie aus dem ______________. Die Massai entwickelten sich zu einem gefürchteten ______________ im Gebiet des ______________. Da jedoch innerhalb der ______________ die Konflikte zunahmen, wurden ganze ______________ vernichtet, einige Siedlungsgebiete nahezu ______________. Dazu kamen Pockenepidemien, mehrere __________ und eine Rinderpest. Die Massai wurden durch die einsetzende Kolonisation weiter ______________: Sie verloren die besten ______________. Auch die ______________ schränken sie in ihrem ______________ Lebensstil stark ein. Traditionell ernähren sich die Massai von Ziegen- und ______________. Rinder werden nur zu ______________ Anlässen geopfert. Ihre traditionelle Siedlung heißt ______________. Der Enkang besteht aus 10 bis 20 flachen __________, die sie aus Lehm und ______________ bauen. Die Siedlung wird von einem Dornenwall ______________ umgeben.

Aufgabe 2

Zeichne mithilfe des Atlas eine Karte von Afrika.
Zeichne das ursprüngliche Siedlungsgebiet der Massai ein.

Bewohner der Savanne II

Name:

Aufgabe 3

Erkläre, was für die Savanne charakteristisch ist (Klima, Vegetation) und wo sie zu finden ist.

Aufgabe 4

Savannen sind Trockengebiete innerhalb des tropischen Landschaftsgürtels. Es sind Landschaften, die die Wüsten umgeben. Je näher die Savanne am tropischen Regenwald liegt, desto höher sind die Niederschläge und Sträucher, Büsche und Gräser können wachsen.

In der Dornstrauchsavanne wachsen nur Gras und einzelne Sträucher. Für den Ackerbau reichen die Niederschläge jedoch nicht aus. Da es kaum Flüsse oder Bäche gibt, ist eine Bewässerung auch nicht möglich. Es wird weiter zwischen Trocken- und Feuchtsavanne unterschieden. In der Trockensavanne wachsen einzelne Bäume und dichtes Gras. Dann muss die Niederschlagsmenge aber mindestens 500 mm im Jahr betragen. In der Feuchtsavanne findet man hohes Gras und große Waldflächen. Dort kann durchaus Ackerbau betrieben werden. Das heißt aber auch, dass kaum Weideflächen vorhanden sind.

Welche Bedeutung hat die Landschaftszone für den Volksstamm der Massai?

Station 3

Naturvölker in den Tropen

Name: ______________________

Einen richtigen Sonnenaufgang gibt es hier am Äquator oder in dessen Nähe nicht. Die Sonne steigt gegen 6 Uhr direkt senkrecht zum Himmel hinauf. Schatten findet man kaum. Die Sonne sticht auf die Erde herab und lässt viel Feuchtigkeit verdunsten, Nebelschleier und Wolken bilden sich. Mittags kann man die Wolken als drohende Gewitterwolken erkennen. Die feuchte, heiße Luft macht das Atmen schwer.

Ganz plötzlich erhellen Blitze den Himmel, es donnert. Es ist ca. zwei Uhr am Nachmittag. Zwei bis drei Stunden regnet es wie aus Fässern. Die Sonne kämpft sich noch einmal durch die letzten Wolken. Die Bäume sind triefend nass. Gegen 18 Uhr, ohne jegliche Dämmerung, geht die Sonne wieder unter.

Der Tagesablauf ist jeden Tag gleich. Man spricht hier auch vom Tageszeitenklima. Die über 2000 mm Niederschlag sind gleichmäßig über das Jahr verteilt. Die Monatsmitteltemperaturen liegen immer zwischen 24 °C und 28 °C. Weil das Klima nur geringen Schwankungen unterworfen ist, gibt es auch keine Jahreszeiten wie bei uns.

Für die Menschen ist dieses Klima ermattend, für die Pflanzen bietet es durch den Regen und die Wärme sehr gute Wachstumsbedingungen. Deshalb ist die Pflanzenwelt so artenreich und üppig.

Es leben auch noch einige Völker im Regenwald. Als Jäger und Sammler leben sie im Einklang mit der Natur. Die Frauen sammeln Beeren, Früchte, Wurzeln oder Würmer, während die Männer ihre Beute mit Pfeil und Bogen erlegen. Neben diesen Jäger- und Sammlergesellschaften gibt es andere Volksgruppen, die vom Wanderfeldbau leben. Durch Brandrodung schaffen sie eine freie Fläche für ein Feld – gerade so groß, wie es zum Überleben notwendig ist. Die Bäume werden zum Teil gefällt und verbrannt. Die Asche dient nun als Dünger. Der sandige Boden enthält kaum eigene Nährstoffe. Außerdem werden diese durch den stetigen Niederschlag schnell ausgewaschen, sodass der Ertrag sinkt und bald ein neues Feld angelegt werden muss.

Aufgabe 1

Stelle den beschriebenen Tropentag kurz dar.

____

____

____

Aufgabe 2

Beschreibe, wie die Naturvölker den tropischen Regenwald nutzen können.

____

____

Aufgabe 3

Diskutiere mit einem Partner, wodurch die Naturvölker bedroht sind.

Jäger der Arktis I

Name: ____________________

Inuit – Jäger der Arktis

Seit jeher leben die Inuit (übersetzt „Mensch") rund um den Nordpol in Alaska, Kanada, Grönland und Sibirien. Die Inuit haben sich an das Leben in der Kälte mit Eis und Schnee angepasst. Eisige Kälte bis zu –50 °C, die Dunkelheit der Polarnacht und nur wenig Vegetation im sehr kurzen Sommer bestimmen ihr Leben. Die Inuit bauen keine Pflanzen an und betreiben auch keine Landwirtschaft. Dafür ist es zu kalt. Aber man findet in der Arktis viele Bodenschätze, wie z. B. Erdöl. Die Inuit waren früher Selbstversorger, denn die Natur lieferte ihnen alles Lebensnotwendige. Im Sommer jagten die Familien, um für den Winter Fleischvorräte zu beschaffen. Sie fingen vor allem Robben, Wale und große Fische. Weitere Wildtiere der Arktis sind Eisbären, Polarfüchse oder Polarhasen. Pinguine leben hier jedoch nicht.
Während ihrer Jagd im Sommer lebten die Inuit in Fellzelten, im Winter dienten Iglus als Behausung. Das Iglu wurde aus Schneeblöcken gebaut, die die Inuit spiralförmig aufeinandersetzten. Mit Schnee wurde das Iglu dann abgedichtet und fertiggestellt. Der Eingang lag tief, sodass die Menschen vor Wind und Kälte gut geschützt waren. Im Iglu gab es eine mit Fellen bedeckte Schneebank, die als Bett diente. Eine Tranlampe spendete Licht, in einem Topf aus Speckstein wurde gekocht.
Mit ihren Kajaks, die sie Umiak nennen, ging es im Sommer auf die Jagd. Die Kajaks wurden aus Treibholz gebaut und mit Seehundfell bespannt. Im Winter fuhr man mit Hundeschlitten über das Eis, um zum Beispiel den Rentieren auf ihrer Wanderung zu folgen. An Luftlöchern im Eis lauerte man dann stundenlang, um Robben zu jagen. Wenn eine Robbe zum Luftholen auftauchte, konnten die Inuit sie mit einer Harpune erlegen. Eine Harpune ist eine Lanze mit einer Spitze aus Knochen. Das Fleisch der Robben aßen die Inuit roh, trockneten es für den Winter oder gruben es in Vorratslagern ein. Aus dem Fell der Robben wurden wasserfeste Kleidungsstücke, Schuhe und Decken hergestellt. Die Därme und Sehnen konnten sie zu Schnüren, Riemen oder Leinen verarbeiten. Aus den Knochen wurden Geräte und Waffen. Das Fett diente als Tran für die Lampen.
Erst die Europäer und Amerikaner brachten neue Techniken. Die angepasste Lebens- und Wirtschaftsweise löste sich langsam auf. Nur wenige Inuit blieben ihrer Tradition treu. Die meisten leben heute wie wir in Siedlungen mit mehrgeschossigen Häusern, Geschäften, Krankenhäusern und Schulen. Der Hundeschlitten wurde durch Motorschlitten ersetzt, die Harpune durch Gewehre.
Die Haupteinnahmequelle ist heute vor allem die Fischerei. Die Männer arbeiten auf Fangschiffen rund um Grönland, die Frauen in den Fischfabriken an Land. Es ist kaum genug Arbeit für alle da. Der Umschwung vom Selbstversorger ins Industriezeitalter ging für viele Menschen zu schnell. Krankheiten, soziale Probleme und Auflösung der Großfamilie sind die Folgen.

Name:

Jäger der Arktis II

Aufgabe 1
Zeichne auf der Karte ein, wo die Inuit leben.

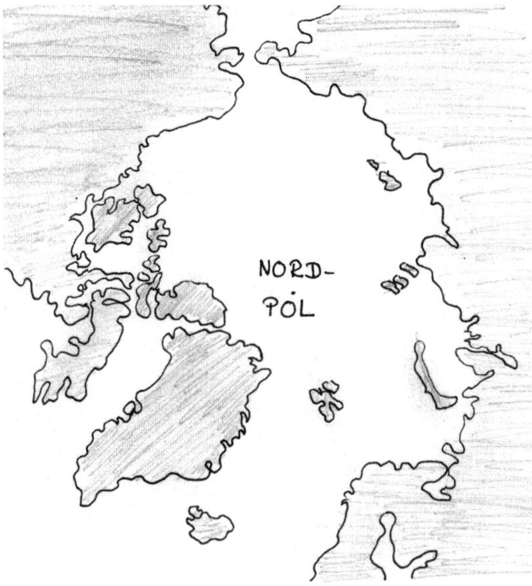

Aufgabe 2
Beschreibe mithilfe des Atlas, an welche klimatischen Bedingungen sich die Inuit angepasst haben.

Aufgabe 3
Beschreibe, wie die Inuit früher lebten.

Aufgabe 4
Ein bestimmtes Tier war überlebensnotwendig. Nenne es und begründe.

Aufgabe 5
Viele Inuit haben Anpassungsschwierigkeiten an die neue Lebensweise. Was ist damit gemeint? Schreibe auf ein Blatt.

Station 5

Name: ____________________

Polarnacht in Skandinavien

Aufgabe 1

Ergänze im folgenden Text die fehlenden Wörter aus dem Kasten.

> Waldgebiete – Eiswüsten – Polartag – Polarkreises – Ländern – Nordpolargebiet – Norwegen – Polarnacht – Skandinavien – Schwedisch – Island – Schweden – Nadelwald – finnische – tiefgefrorenen – skandinavischen – Dänemark – Naturschauspiel

Eigentlich zählen nur die Länder der ____________ Halbinsel (____________ und Norwegen) zu ____________. Da aber die Kultur und die Sprache von Finnland, Dänemark und ____________ so ähnlich sind, werden auch sie meist zu den skandinavischen ____________ gezählt. Einzig die ____________ Sprache unterscheidet sich stark von denen der anderen Länder. Aber Finnland gehörte bis 1809 zu Schweden, sodass auch ____________ dort noch weitverbreitet ist.

Die Länder ____________, Schweden und Finnland unterscheiden sich klimatisch von ____________ und Island. Ihr Norden zählt zum ____________. Das Klima des Nordpolargebietes ist durch lange Winter mit ____________ Böden gekennzeichnet. Ebenso sind Teile mit ____________ bedeckt. Im Sommer taut der Boden auf. Die Pflanzen müssen innerhalb kürzester Zeit wachsen. Südlich des ____________ finden wir dagegen den nördlichen ____________, meist als riesige ____________.

Nur im Nordpolarkreisgebiet kann man in den Ländern Norwegen, Schweden und Finnland ein ____________ bewundern: die ____________ und den ____________.

Aufgabe 2

Erkläre mithilfe der Abbildung den Polartag und die Polarnacht.

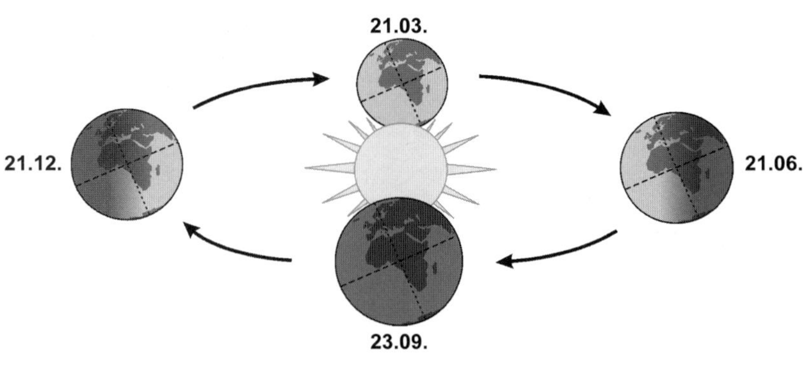

____

____

____

____

Station 6

Klimazonen beeinflussen Russland I

Name: ______________________

Aufgabe 1

Ordne zu: Sommergrüner Laub- und Mischwald, Mittelmeerische Pflanzen, Steppe, Taiga, Tundra.

____

____

____

____

____

Aufgabe 2

Zeichne in die Karte Russlands die verschiedenen Klimazonen ein.

Aufgabe 3

Schneide die Karte und die Bilder aus. Klebe die Karte auf ein neues Blatt. Ordne die Bilder zu.

Aufgabe 4

Beschreibe die verschiedenen Klimazonen innerhalb Russlands. Recherchiere auch im Internet.

Tipp: Polare Zone, Tundrenklimate, Gemäßigte Zone, Trockenklimate der mittleren Breiten, Subtropische Zone

Klimazonen beeinflussen Russland II

Name: ____________________

Aufgabe 5

Werte die Klimadiagramme aus.

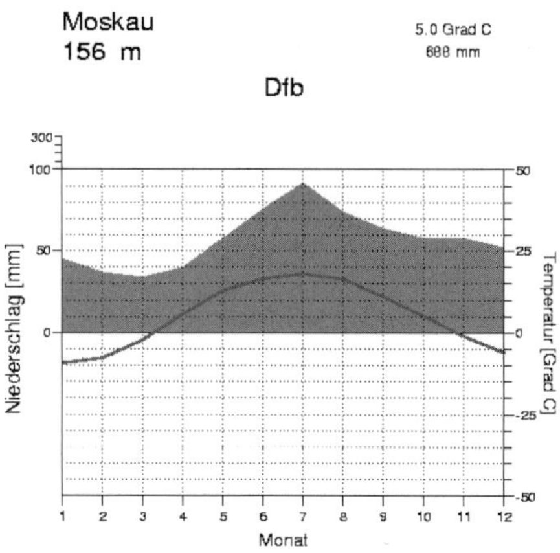

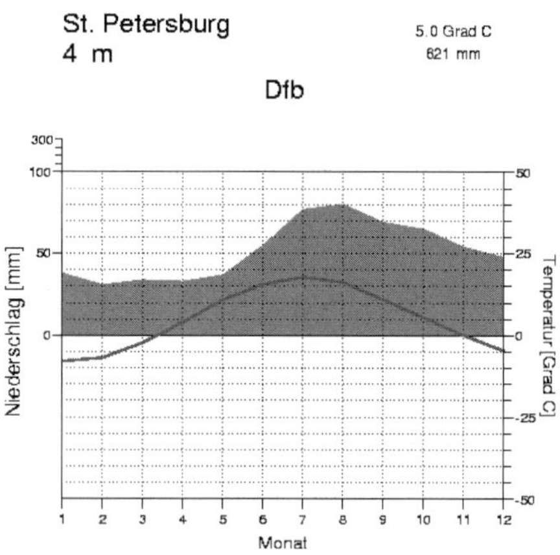

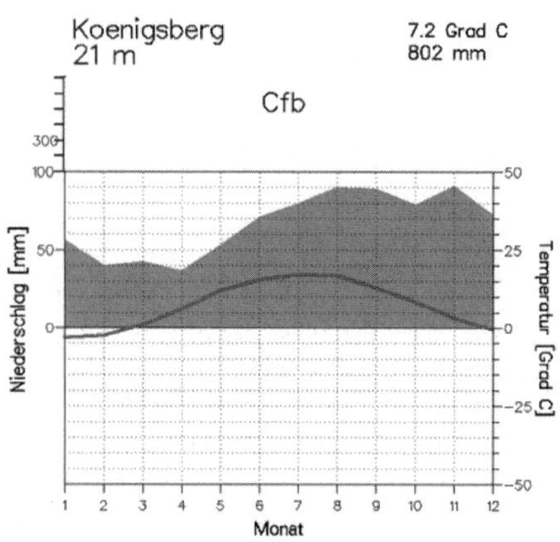

Aufgabe 6

Betrachte die Klimadiagramme und beschreibe auffällige Unterschiede.

Station 7

Landschaftsformen Neuseelands

Name: ______________________

Aufgabe 1

Beschreibe mithilfe des Atlas, wo Neuseeland liegt.

____

Aufgabe 2

Finde mithilfe des Atlas verschiedene Nationalparks. Trage sie in die Karte ein und beschrifte.

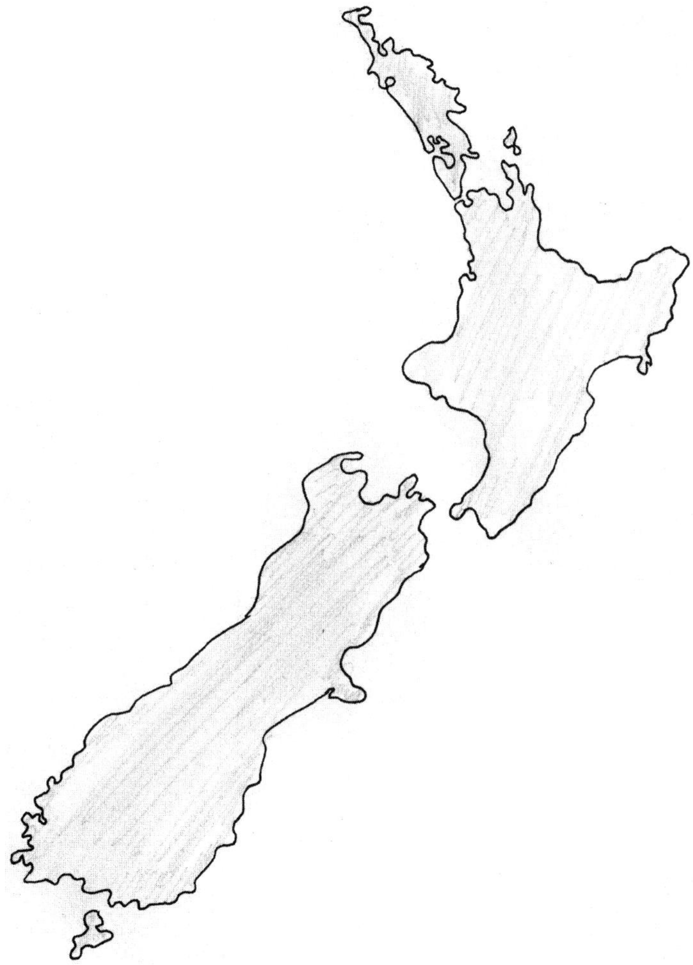

Aufgabe 3

Beschreibe die Vielfältigkeit an natürlichen und landschaftlichen Gegebenheiten in Neuseeland.

Northland: ____

Taranaki: ____

Southern Alps: ____

Canterbury: ____

Fjordland: ____

____

____

Name: ______________________

Tokio in Raumnot I

Aufgabe 1

Kennzeichne Tokio in der Karte. Benenne das Land.

____

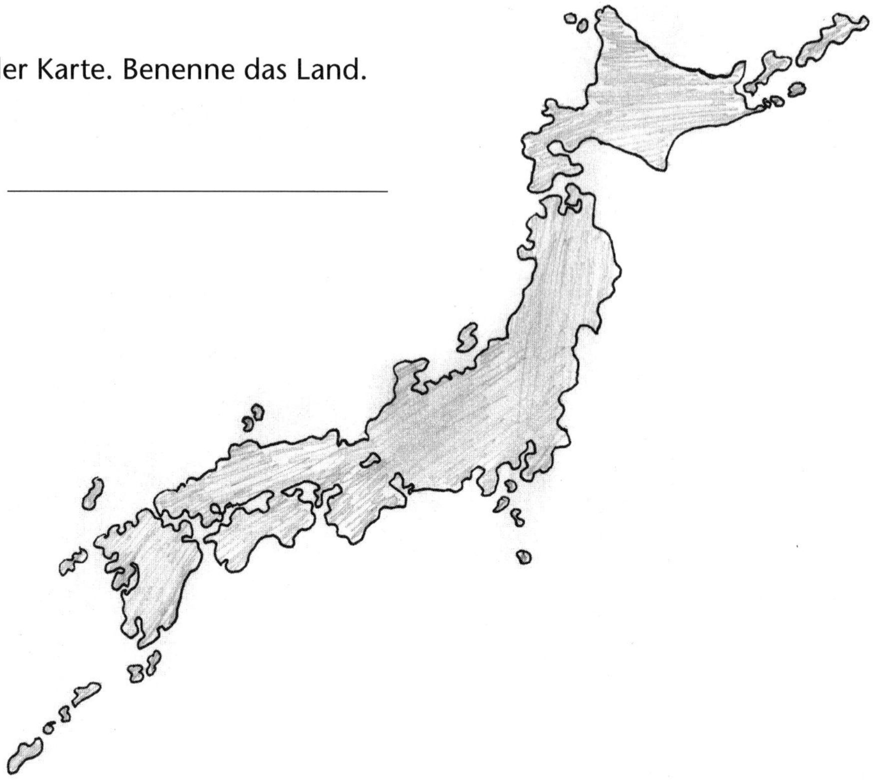

Aufgabe 2

Zeichne umliegende Städte in die Karte ein. Was fällt dir auf?

____

____

Aufgabe 3

Suche im Atlas eine Karte zum Großraum Tokio, wie unten abgebildet. Werte die Karte aus.

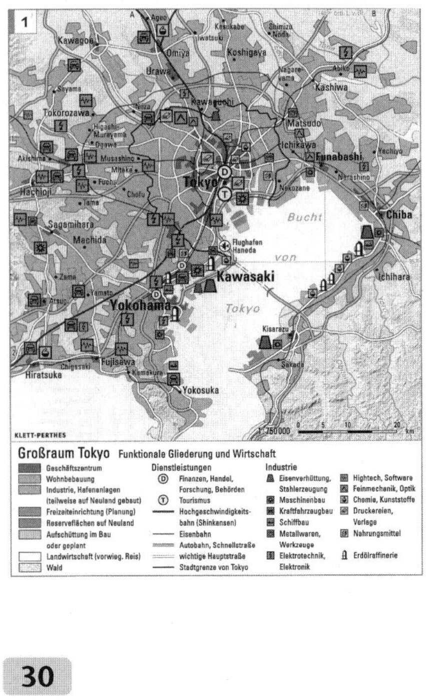

____

____

____

____

____

____

____

____

____

____

____

Station 8

Tokio in Raumnot II

Name: ______________________

Aufgabe 4

Betrachte das Foto und beschreibe es.

____

____

____

____

____

____

____

____

Aufgabe 5

Lies den Text. Schreibe Aspekte auf, die du zuvor noch nicht benannt hast.

Tokio platzt aus allen Nähten

Das Ballungsgebiet Tokio zählt zu den am dichtesten besiedelten Städten der Welt. Gewaltige Straßenbaumaßnahmen mit zum Teil mehrstöckigen Unter- und Überführungen können das tägliche Verkehrschaos nicht verhindern. In der Hauptstadt befinden sich Ministerien, Regierungssitz, Sitze der wichtigsten Konzerne, Börse und Universität. Zwei weitere Verdichtungsräume schließen sich direkt an, sodass Tokio sich nicht weiter ausdehnen kann.

Durch die Raumnot sind Grundstücke extrem wertvoll. Der Kauf von Bauland ist fast unerschwinglich. Deshalb gehen die Bauten in die Höhe oder Tiefe, um jeden Quadratmeter soweit wie möglich auszunutzen. Auf engstem Raum drängen sich die Häuser nebeneinander. Und nur wer einen Stellplatz hat, darf in dieser Stadt ein Auto besitzen.

Die Wohnungen sind zum Teil genauso klein, wie der Platzmangel groß ist. Die Menschen leben daher für uns fast unvorstellbar eng aufeinander.

____

____

____

____

____

Aufgabe 6

Ist ein Leben in Tokio für dich vorstellbar? Diskutiere für und wider auf einem Blatt!

Station 1

Risikogebiete für Naturkatastrophen

Name: ______________________

Aufgabe 1

Hier sind zehn Naturkatastrophen versteckt. Kannst du sie finden?

F	V	N	B	N	F	M	K	G	F	M	N	B	K	L	O	B	K	D	G	N
D	U	E	R	R	E	P	E	R	I	O	D	E	N	P	T	R	V	T	K	V
G	L	F	G	K	A	E	L	T	E	W	E	L	L	E	N	O	B	K	G	N
A	K	L	D	L	L	M	A	G	P	B	S	S	C	L	B	T	G	R	T	E
B	A	K	G	A	K	O	W	N	G	F	H	T	H	S	T	F	P	S	R	L
H	N	O	K	L	P	T	I	A	M	M	N	R	U	P	D	R	S	D	K	O
N	A	P	A	R	S	B	N	M	L	K	B	M	K	R	D	K	R	N	O	M
G	U	G	N	U	E	B	E	R	S	C	H	W	E	M	M	U	N	G	E	N
F	S	O	E	T	O	T	N	A	L	M	N	P	R	D	T	B	K	C	S	P
B	B	N	T	L	B	V	O	M	P	D	A	X	K	S	L	S	C	H	X	T
E	R	D	B	E	B	E	N	O	D	P	H	D	C	X	G	B	H	R	D	O
M	U	K	O	T	B	O	M	A	S	R	P	H	D	B	G	F	D	V	N	K
N	E	B	L	V	K	L	F	L	G	D	R	T	P	R	S	T	N	K	L	G
O	C	P	R	F	S	X	S	C	P	K	A	H	C	H	X	C	L	N	D	N
L	H	S	C	M	H	W	A	L	D	B	R	A	E	N	D	E	O	K	L	M
M	E	C	V	S	K	R	G	P	H	L	D	X	B	V	A	S	P	V	M	V

Aufgabe 2

Schaue dir die beiden Grafiken an. Beschreibe, was endogene und exogene Kräfte sind. Erkläre die Begriffe und nenne entsprechende Naturkatastrophen.

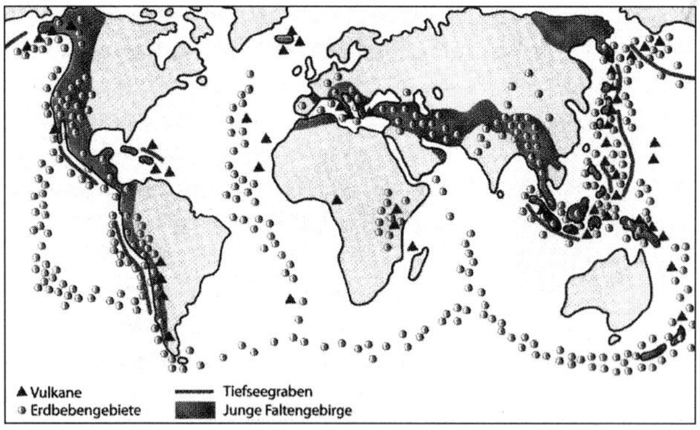

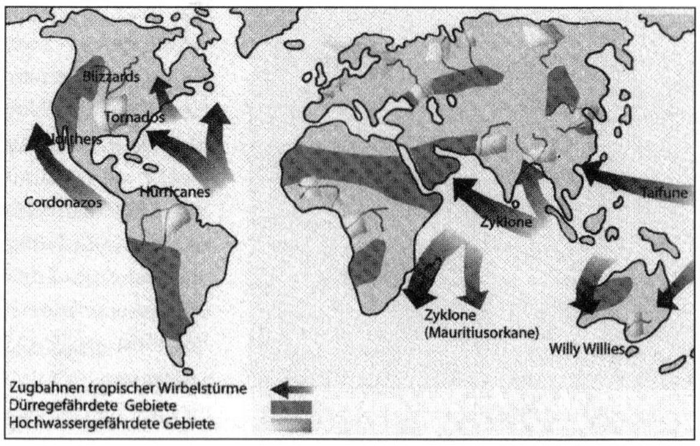

____

____

____

Aufgabe 3

Suche Gebiete, die besonders von Naturkatastrophen betroffen sind.

____

____

____

Die Erde bebt

Name: ____________________

Aufgabe 1

Betrachte die Bilder und beschreibe, was passiert.

a
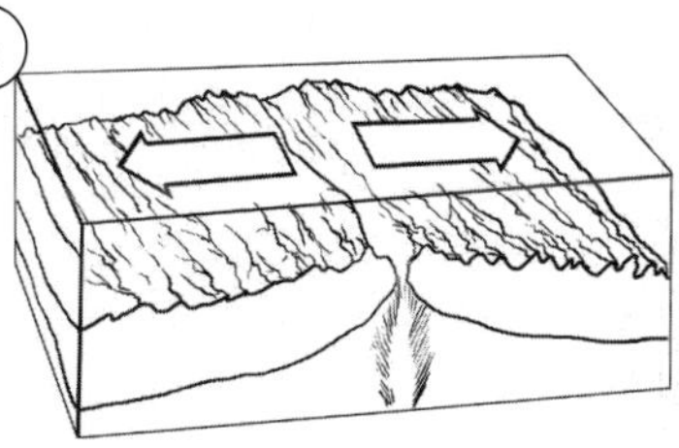

b
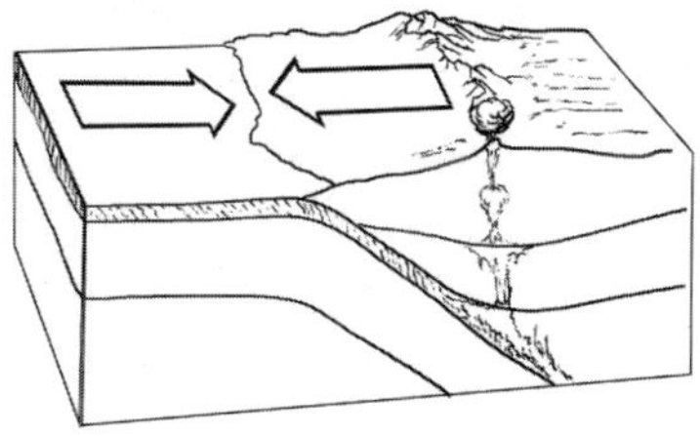

c
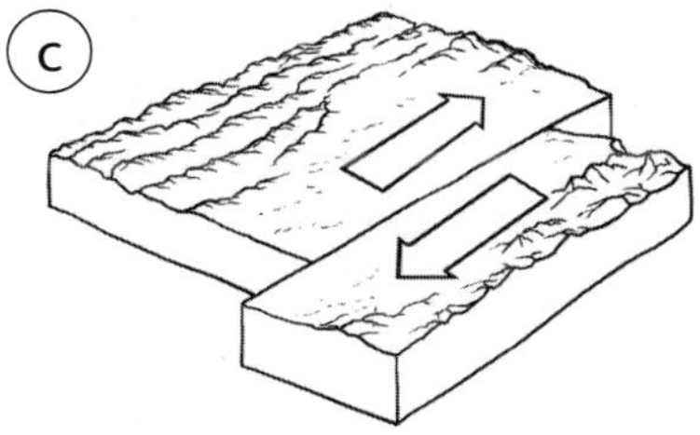

1. Divergente Plattenbewegung **2. Konvergente Plattenbewegung** **3. Transformstörungen**

Aufgabe 2

Beschreibe die Bilder. Suche im Atlas typische Regionen, in denen diese Plattenbewegungen zu finden sind.

a
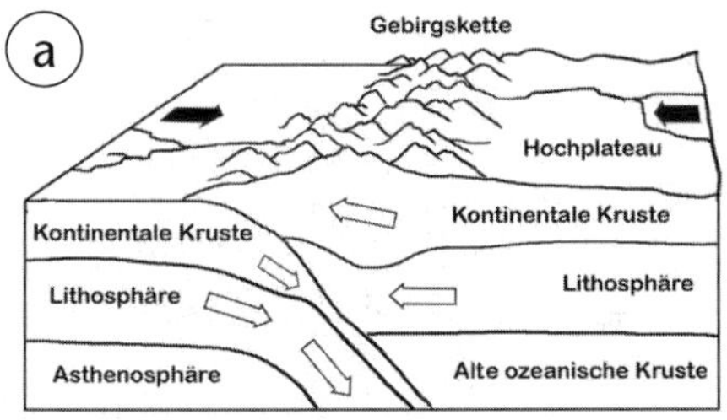

b
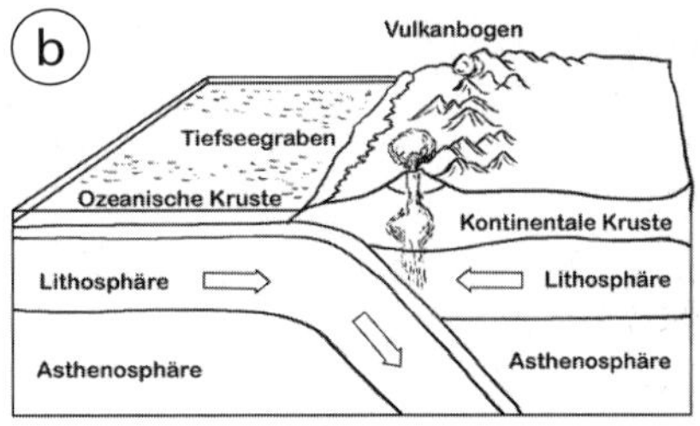

c
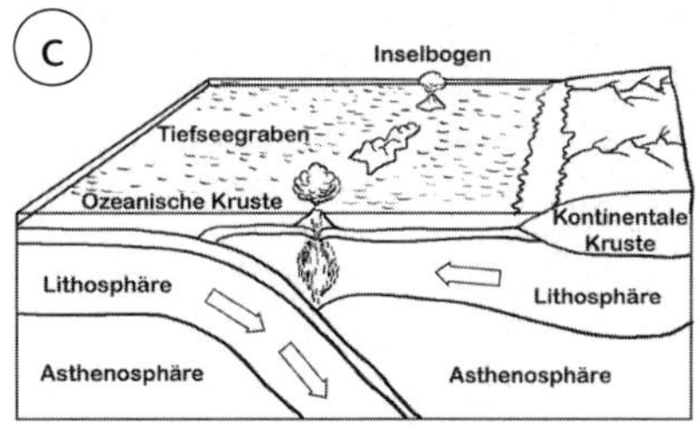

Aufgabe 3

Erkläre, wie aufgrund der Plattentektonik Erdbeben entstehen können. Schreibe auf ein Blatt.

Aufgabe 4

Recherchiere im Internet, inwieweit Deutschland von Erdbeben gefährdet ist. Schreibe auf ein Blatt.

Name: ____________

Vulkane und Profit I

Vom Vulkan profitieren – aber wie?

Vulkanausbrüche stellen für den Menschen eine enorme Bedrohung dar. Dennoch ist ein Vulkan nicht nur eine Bedrohung, sondern bringt dem Menschen auch Nutzen.
Viele Menschen wohnen trotz der Gefahr am Vulkan. Der Grund dafür ist häufig der fruchtbare Boden: Das Vulkangestein verwittert nämlich zu einem dünnen, nährstoffreichen Ackerboden. Die vulkanische Asche ist zudem ein sehr guter Wasserspeicher. Nährstoffe und ausreichende Wasserversorgung sind gute Bedingungen für das Pflanzenwachstum. Deshalb ist die landwirtschaftliche Nutzung in den Regionen um einen Vulkan oft sehr ertragreich.
Neben der Landwirtschaft bietet der Vulkan auch der Industrie Vorteile. Vulkanische Gesteine wie Basalt und Bims sind ausgezeichnete Baustoffe. Früher wurden Straßen mit Basalt gepflastert. Die Städte in der Nähe von Vulkanen werden auch heute noch fast ausschließlich aus Vulkangestein gebaut. Ebenso wird Basaltsplitt für den Gleisbau benutzt. Auch einige Gärten werden mit Basalt geziert. Das Vulkangestein Bims ist so leicht, dass es sogar schwimmen kann. Mit diesem Gestein werden zum Beispiel neue Jeans gewaschen, sodass sie wie getragen aussehen. Außerdem findet man Mineralien und Salze an der Erdoberfläche in der Nähe der Vulkane. Mit ihnen werden Früchte länger haltbar gemacht oder Kunstdünger hergestellt.
In der Nähe von Vulkanen werden auch tiefe Löcher gebohrt, durch die dann Wasser geleitet wird. Mit diesem natürlich erhitzten Wasser beheizt man Häuser oder nimmt es für die Warmwasserversorgung. Zum Teil wird aber auch Wasserdampf gewonnen, mit dem dann Turbinen für die Stromerzeugung angetrieben werden.
Gerade für Touristen sind die heißen Quellen sehr anziehend. Viele heiße Quellen lindern oder heilen Hautkrankheiten, Muskelschmerzen und andere Erkrankungen. Gesund sind sowohl die Wärme des Wassers als auch die in ihm enthaltenen Mineralstoffe. Nicht nur die heißen Quellen sind ein Anlaufpunkt für Touristen, auch die vielen kleinen Krater, die an eine Mondlandschaft erinnern, sind beeindruckend.
In den meisten Vulkangebieten kommen Mineralquellen vor. Deshalb sind oft Betriebe in der Nähe von Vulkanen ansässig, die diese Quellen wirtschaftlich nutzen und Wasser in Flaschen abfüllen. In Deutschland liegt die Stadt Gerolstein in der Vulkaneifel in einem solchen Gebiet. Das größte hier ansässige Unternehmen ist die Gerolsteiner Sprudel KG.

Station 3

Name: ______

Vulkane und Profit II

Aufgabe

Lies den Text aufmerksam durch. Beantworte anschließend die Fragen.

1. Zeichne mithilfe des Atlas die typischen Vulkangebiete in die Karte ein.

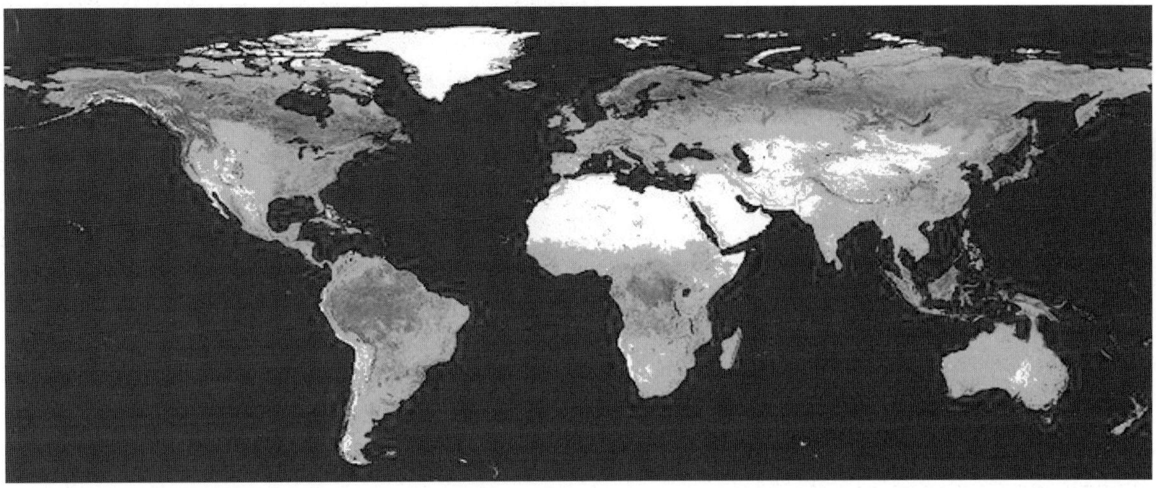

2. Überlege, warum Vulkane für den Menschen so bedrohlich sind.

______
______
______
______

3. In dem Text wurden fünf Bereiche genannt, wie ein Vulkangebiet genutzt werden kann. Nenne diese und beschreibe sie mit eigenen Worten.

______
______
______
______
______
______

4. Kannst du dir vorstellen, in einem Vulkangebiet zu leben? Begründe.

______
______
______
______

Name:

Tornado in Deutschland

05.06.2009

Schwere Sturmböen über Deutschland stürzen viele Menschen in eine schwere Krise. Kein Sturm ist in seiner Zerstörungswut auf kleinem Raum mit der eines Tornados zu vergleichen.

Tornados bilden sich über dem Festland, nicht wie tropische Wirbelstürme über dem Meer. Der typische schlauchförmige Trichter entsteht. Tornados dauern jedoch nur wenige Minuten an und auch die Strecke, die sie zurücklegen, ist nicht mit der eines Hurrikans zu vergleichen. Trotzdem hinterlässt ein Tornado wegen seiner sehr hohen Windstärke eine Schneise der Verwüstung. Schätzungsweise kann er eine Höchstgeschwindigkeit bis zu 500 km/h erreichen. Meist liegt die Geschwindigkeit bei 50 km/h, aber auch sie ist zerstörerisch. Darüber hinaus liegt der Druck im Inneren des Tornadotrichters wesentlich unter dem der Umgebung. Deswegen lässt der Tornado Häuser regelrecht explodieren, wenn er sie streift.

Aber warum kommen Tornados in letzter Zeit auch öfter in Deutschland vor? Ist das nicht ein rein amerikanisches Phänomen? Irrtum. Auch in Mitteleuropa sind Tornados keine Seltenheit. Unsere außertropischen Wirbelstürme bilden sich vor Kaltfronten, dort wo kalte, trockene Luft auf feuchtwarme Luft trifft.
Durch diese großen Gegensätze von Temperatur und Luftfeuchtigkeit bildet sich ein Gewitter. Die kalte Luft stürzt nach unten. Die warme Luft steigt gleichzeitig blitzschnell nach oben auf. Durch die starken Aufwinde gerät sie in eine Kreisbewegung. Außerdem kondensiert die warme Luft. Der typische, schlauchförmige Tornadotrichter wird aufgrund der Kondensation und des aufgesogenen Staubs sichtbar.

Viel wichtiger, als den Tornado zu sehen, ist allerdings die Frage, ob er Bodenkontakt hat. Hat der Tornado Bodenkontakt, kann er ganze Dörfer und Existenzen auslöschen. Häuser werden abgedeckt, Bäume entwurzelt und Autos durch die Luft geschleudert. Alles wird von den Trümmern, die der Wirbelsturm verursacht, begraben. Es kommt sogar zu Todesfällen.

Tornadoexperten ist es heute glücklicherweise möglich, vor Tornados zu warnen. Den Weg, den der Tornado einschlägt, kann man jedoch kaum abschätzen.

Naturkraft Wind II

Name:

Aufgabe 1

Beschreibe, was ein Tornado ist.

Aufgabe 2

Erkläre, wie ein Tornado entsteht.

Aufgabe 3

Überlege, ob wir in Deutschland auch betroffen sind.

Aufgabe 4

Beschreibe die Folgen eines Tornados.

Station 5

Naturkraft Eis

Name:

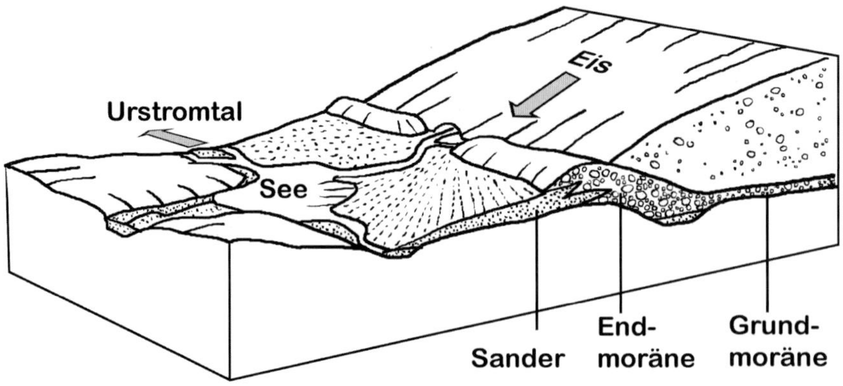

Die Gletscheroberfläche ist durch zahlreiche Gletscherspalten gekennzeichnet. Längsspalten befinden sich an der Gletscherstirn. Weil sich der Gletscher in der Mitte schneller bewegt als am Rand, entstehen Randspalten. Wenn ein Gletscher zum Beispiel über eine Felskante stürzt, entstehen auf ihm Querspalten.

Der Gletscher führt Gestein, sogenanntes Moränenmaterial, mit sich oder formt es zu Rundhöckern. Außerdem sind Gletscher auch für die Vertiefung von Becken, Mulden und Tälern verantwortlich.

Aufgabe

Warum sind Gletscher für Spalten, Becken, Mulden und Täler verantwortlich? Was passiert, damit sie diese Wirkung haben? Begründe mithilfe des Bildes und recherchiere auch im Internet.

Name: ______

Naturkraft Wasser

Aufgabe 1

In erster Linie denkt man bei der Naturkraft Wasser an Überschwemmungen oder Tsunamis. Aber was ist mit dem Fluss vor unserer Haustür? Ist er nicht auch eine Naturkraft?
Beschreibe den Prozess, den du auf den Bildern erkennen kannst! Was entsteht?

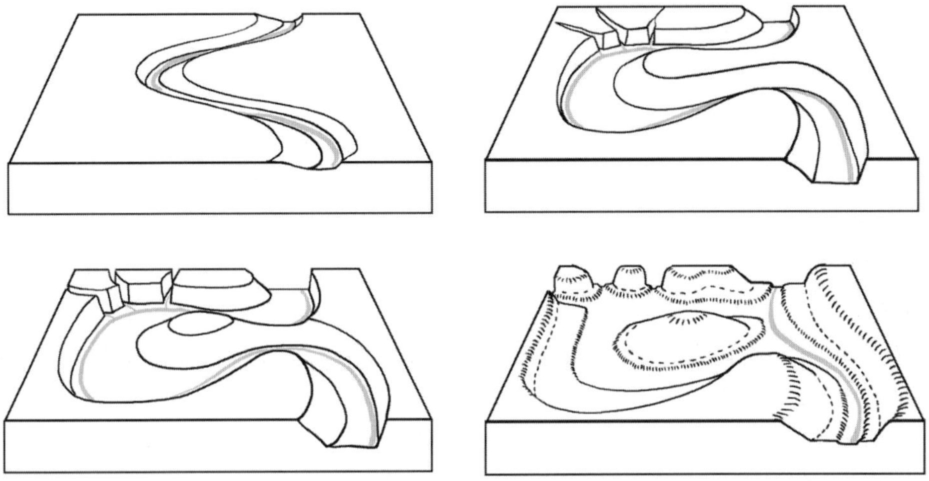

Aufgabe 2

Mäandrierende Flüsse wie der Rhein wurden begradigt, damit sie schiffbar werden. Der Mensch hat eingegriffen und die Flussschleife durchbrochen. Informiere dich im Internet über die Folgen.

Station 7

Name: ______________________

Achtung Waldbrände

Aufgabe 1

Ergänze im folgenden Text die fehlenden Wörter aus dem Kasten.

Asche – Feuchtigkeit – Landstriche – kranke – unnatürliche – wasserundurchlässig – Landschaften – ausgewaschen – Katastrophe – vernichtet – Ursachen – Einwirken – trocknet – Brandrodung – Platz – Mammutbäume – Menschen – Waldbrände – Unachtsamkeit – zerstört – verjüngen – Totholz – Dünger – Jungbäume

Die meisten ____________ werden durch den ____________ verursacht: ________________, Brandstiftung, ________________________, weggeworfene Zigaretten, Lagerfeuer usw. Daneben gibt es natürliche ________________ wie Blitzschläge. Allerdings ist das im Vergleich zu den ________________________ Ursachen eher selten. In Mitteleuropa würden ohne ________________ des Menschen nur kleinflächig Waldbrände auftreten. Weil der Mensch die ________________ nachhaltig verändert, wird der Waldbrand zu einer ____________. Ganze ____________ werden schnell ____________, der Boden ist erosionsanfälliger und kann ______________ werden. Der abgebrannte Boden ____________ schnell aus und wird ________________, er ist dann kaum noch nutzbar.

Zu einem funktionierenden natürlichen Ökosystem gehören Waldbrände sogar dazu. Sie helfen dem Wald, sich zu erneuern oder zu ____________. Abgestorbenes, trockenes Holz oder ____________ Pflanzen werden so ____________. Gesunde Pflanzen überleben den natürlichen Waldbrand, da sie genug ______________ bereithalten. Da trockenes __________ verbrannt ist, wird die Gefahr eines neuen, größeren Waldbrandes natürlich reguliert. Außerdem ist die ____________ ein natürlicher ____________ für den Wald. In Gebieten mit überwiegend trockenem Klima gibt es eine Besonderheit bei Waldbränden. Hier wachsen zum Beispiel ____________. Sie lassen ihre Samen erst nach einem Waldbrand fallen, da die ______________ nun ausreichend ____________ zum Wachsen haben.

Aufgabe 2

Gerade im Sommer ist die Waldbrandgefahr in Deutschland besonders hoch. Warum? Wie musst du dich verhalten? Diskutiere mit einem Partner darüber.

____

____

____

____

Station 8

Dürrekatastrophen und ihre Folgen

Name: ______________________

Immer dann, wenn es über eine lange Zeit nicht regnet, sind ganze Gebiete von Dürre bedroht. Von Dürre spricht man dann, wenn weniger Niederschlag fällt als eigentlich benötigt wird. Die Menschen der Wüsten, Steppen und Savannen haben sich an diese extremen Bedingungen gewöhnt.
Auch in anderen Regionen muss man mit dieser Naturgewalt leben. Es gibt Gebiete, die immer wieder betroffen sind, so zum Beispiel manche Länder Afrikas. Sie leben ständig mit der Angst, dass die nächste zu trockene Zeit ihre Ernte zunichtemacht. Aber nicht nur Afrika ist betroffen. Auch in Westeuropa, den USA, China oder Indien gibt es Gebiete, in denen kaum Regen fällt.

Aufgabe 1

Zeichne in die Karte von Dürre bedrohte Gebiete ein.

Aufgabe 2

Recherchiere im Internet, welche Gründe für Dürrekatastrophen ursächlich sind.

____

____

____

Aufgabe 3

Nenne Folgen der Dürre.

____

____

Station 1

Name: ____________

Wasser – kostbar wie Gold

Aufgabe

Ohne Wasser kein Überleben. Das Wasser wird knapp. Damit könnte es zu dem wertvollsten Rohstoff des Planeten werden. Bearbeite folgende Aufgabenstellungen.

1. Wie viele Quadratkilometer Wasser umfasst die Erde? Welcher Prozentsatz dieses Vorrats besteht aus Salzwasser und ist demzufolge nicht nutzbar für den Menschen, die Tiere und Pflanzen?

2. Stelle fest, wie viele Milliarden Menschen weltweit unter Trinkwasserknappheit leiden.

3. Informiere dich über die Folgen von Wassermangel und -verschmutzung.

4. Wie viel Prozent des weltweit verfügbaren Trinkwassers fließen in die Landwirtschaft? Suche nach Erklärungen. Zeichne den Bruchteil farbig ein.

5. In wie vielen Staaten der Welt herrscht chronischer Wassermangel (weniger als 1000 m³ Süßwasser pro Kopf und Jahr)? Nenne 10 Länder, die seit 1990 betroffen sind.

6. Finde heraus, in welchen Regionen weltweit Wasser das Öl als Konfliktursache ablösen könnte. Der Bau von Stauseen und Dämmen spielt in diesem Zusammenhang eine bedeutende Rolle. Erkläre.

Name: ____________________

Hunger gehört zum Alltag

Aufgabe 1

Prüfe, ob das von den Staats- und Regierungschefs der UN-Mitgliedstaaten anlässlich des ersten Welternährungsgipfels 1996 formulierte Hauptziel, die Zahl der Hungernden von damals 800 Millionen zu halbieren, erreicht wurde.

Aufgabe 2

Ergänze im Text die fehlenden Wörter aus dem Kasten.

Nahrungsmittel – Ländern – Hungersituation – Teufelskreis – Ackerbau – Getreideerzeugung – Technologien – Mittel – Aktionsplan

In 29 Ländern herrscht laut „Welthungerindex 2009" eine gravierende ____________________. Für den weltweiten Hungeranstieg kann neben Kriegen, AIDS, unfähiger Regierungsarbeit die globale Wirtschafts- und Finanzkrise verantwortlich gemacht werden. Häufig mangelt es an politischer Durchsetzungsfähigkeit, um den Hunger der Bevölkerung zu stillen, auch wenn die technischen und ökonomischen ____________________ vorhanden sind.

Um die Erde vollständig vom Hunger zu befreien, muss die globale ____________________ um 50 Prozent gesteigert werden. Der ____________________ gegen den Hunger sieht vor, die afrikanischen, südamerikanischen und asiatischen Länder zu befähigen, selbst genug ____________________ zu produzieren und ihren Bedarf selbst zu sichern. Bauern werden angeleitet und dabei unterstützt, umweltschonenden und ertragreichen ____________________ zu betreiben. Hinzu kommen Landreformen, bezahlbare Kredite, angemessene Schulbildung und der Zugang zu neuen ____________________ und deren Anwendungsmöglichkeiten. Häufig fehlen in den Entwicklungsländern die erforderlichen Rahmenbedingungen. Das Angewiesensein auf ausländische Produkte schafft wiederum behindernde Abhängigkeiten zu anderen ____________________ und zu einzelnen Großunternehmern.

Fazit: Millionen Menschen sind gefangen in einem ____________________ der Armut. Sie werden arm geboren, erhalten keine Ausbildung, wachsen in Elendsvierteln auf, wo es keine Arbeit gibt. Hunger, Unterernährung und leichte Anfälligkeit für Krankheiten sind die Folge.

Station 3

Aids – eine weltweite Bedrohung

Name: ______________________

Aufgabe 1

UNAIDS – das gemeinsame Programm der Vereinten Nationen zur Reduzierung von HIV/Aids – veröffentlicht regelmäßig Daten hinsichtlich der Verbreitung von HIV/Aids. Notiere die fehlenden Zahlen für das Jahr 2008 mithilfe der englischsprachigen Internetseite www.unaids.org.
Klicke in der Kopfzeile auf *Data & analysis*, anschließend auf *2009 AIDS Epidemic Update*. Dort findest du die notwendigen Informationen unter *Download report*.

Nordamerika
HIV-Infizierte: ______________________
Aids-Todesfälle: ______________________

Westeuropa
HIV-Infizierte: ______________________
Aids-Todesfälle: ______________________

Osteuropa und Zentralasien
HIV-Infizierte: ______________________
Aids-Todesfälle: ______________________

Karibik
HIV-Infizierte: ______________________
Aids-Todesfälle: ______________________

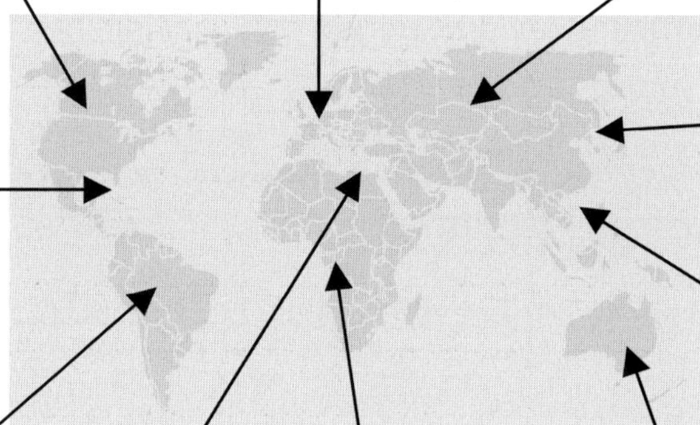

Ostasien
HIV-Infizierte: ______________________
Aids-Todesfälle: ______________________

Lateinamerika
HIV-Infizierte: ______________________
Aids-Todesfälle: ______________________

Süd- und Südostasien
HIV-Infizierte: ______________________
Aids-Todesfälle: ______________________

Afrika südlich der Sahara
HIV-Infizierte: ______________________
Aids-Todesfälle: ______________________

Nordafrika und Naher Osten
HIV-Infizierte: ______________________
Aids-Todesfälle: ______________________

Ozeanien
HIV-Infizierte: ______________________
Aids-Todesfälle: ______________________

Aufgabe 2

Suche nach Gründen für die hohe Zahl HIV-infizierter Menschen in Afrika südlich der Sahara. Informiere dich über Aids-Bekämpfungsprogramme deutscher und internationaler Entwicklungspolitik. Fertige ein Kurzreferat an.

Globale Umweltprobleme

Name: ______________________

Aufgabe 1

Die folgenden Angaben sind ein Ausschnitt aus einer Befragung von zweihundert Experten und Wissenschaftlern aus über 50 Ländern in Bezug auf die größten Umweltprobleme der nächsten 100 Jahre. Vervollständige mithilfe der Daten das Diagramm.

Die Umweltprobleme des 21. Jahrhunderts:

Anstieg der Meeresspiegel (3%); Überfischung (5%); Naturkatastrophen (7%); Industrieabgase (10%); Ozonloch (15%); Verstädterung (16%); Luftverschmutzung (20%); Verlust der Artenvielfalt (23%); Wasserknappheit (29%); Klimawandel (51%)

Quelle: UNEP / Stand: 2001 / Mehrfachnennungen

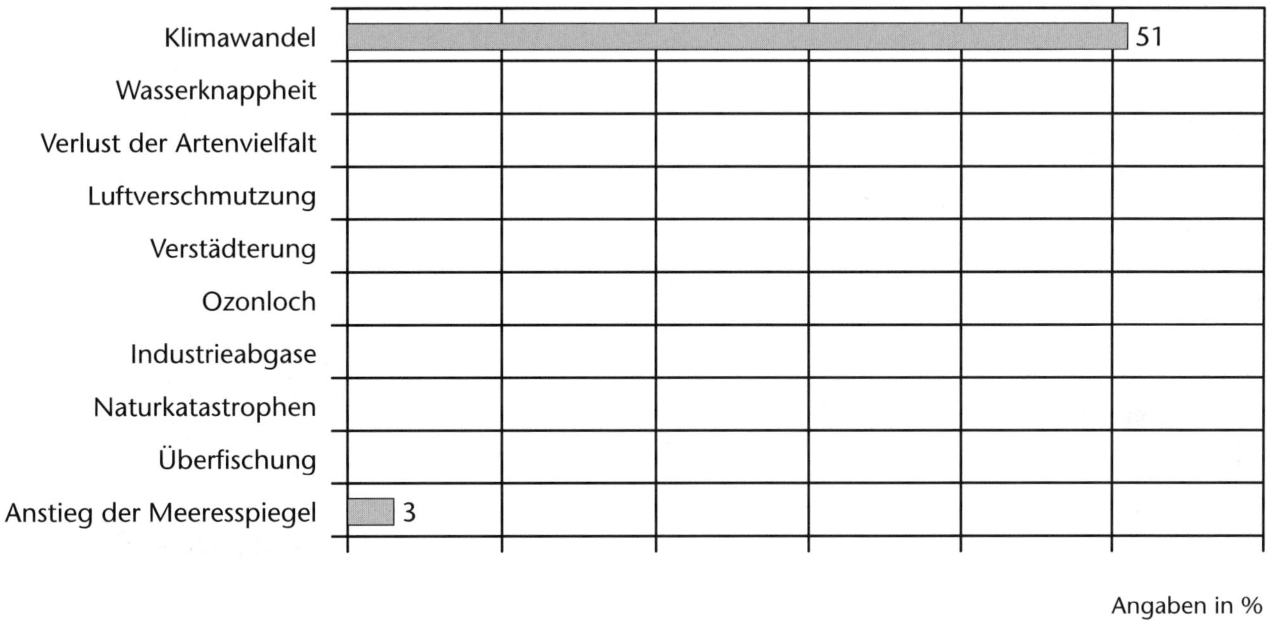

Aufgabe 2

Welche Umweltbelastung sehen die Experten für die nächsten 100 Jahre als das mit Abstand größte Problem an?

____

Aufgabe 3

Die oben aufgeführte Auflistung ist nicht vollständig. Welche weiteren wichtigen Umweltprobleme gibt es? Recherchiere im Internet.

____

____

Station 5

Kriege, Krisen und Konflikte I

Name: ______________________

Aufgabe 1

Wie begründet das Auswärtige Amt folgende Reisewarnungen? Wähle zwei Länder aus und recherchiere. Schreibe auf ein Blatt.

Reisewarnungen
Das Auswärtige Amt warnt vor Reisen in die folgenden Länder:

> Algerien: Reise- und Sicherheitshinweise (Teilreisewarnung) 14.12.2011

> Jemen: Reisewarnung 13.12.2011

> Afghanistan: Reisewarnung 12.12.2011

> Demokratische Republik Kongo: Reisewarnung 09.12.2011

> Libanon: Reise- und Sicherheitshinweise (Teilreisewarnung) 05.12.2011

> Palästinensische Gebiete: Reise- und Sicherheitshinweise, Reisewarnung für den Gaza-Streifen 29.11.2011

> Mali: Reise- und Sicherheitshinweise (Teilreisewarnung) 27.11.2011

> Japan: Reise- und Sicherheitshinweise (Teilreisewarnung Fukushima) 17.11.2011

> Libyen: Reisewarnung 10.11.2011

> Syrien: Reisewarnung 31.10.2011

> Haiti: Reisewarnung 24.10.2011

> Irak: Reisewarnung 22.10.2011

> Pakistan: Reise- und Sicherheitshinweise (Teilreisewarnung) 14.10.2011

> Niger: Reise- und Sicherheitshinweise (Teilreisewarnung) 06.10.2011

> Eritrea: Reise- und Sicherheitshinweise 27.09.2011

> Georgien: Reise- und Sicherheitshinweise (Teilreisewarnung) 04.03.2011

> Mauretanien: Reise- und Sicherheitshinweise (Teilreisewarnung) 08.02.2011

> Somalia: Reisewarnung 04.01.2011

Aufgabe 2

Ordne die folgenden Ländernamen und Regionen den jeweiligen Umrissen zu.

Irak – Haiti – Libanon – Palästinensische Gebiete – Pakistan – Afghanistan – Kongo – Somalia – Georgien – Mali

1. ______________________

2. ______________________

3. ______________________

4. ______________________

5. ______________________

6. ______________________

7. ______________________

8. ______________________

9. ______________________

10. ______________________

Kriege, Krisen und Konflikte II

Name: ____________________

Aufgabe 3

Male die Länder und Regionen (Aufgabe 1) farbig aus, für die das Auswärtige Amt Reisewarnungen ausgesprochen hat.

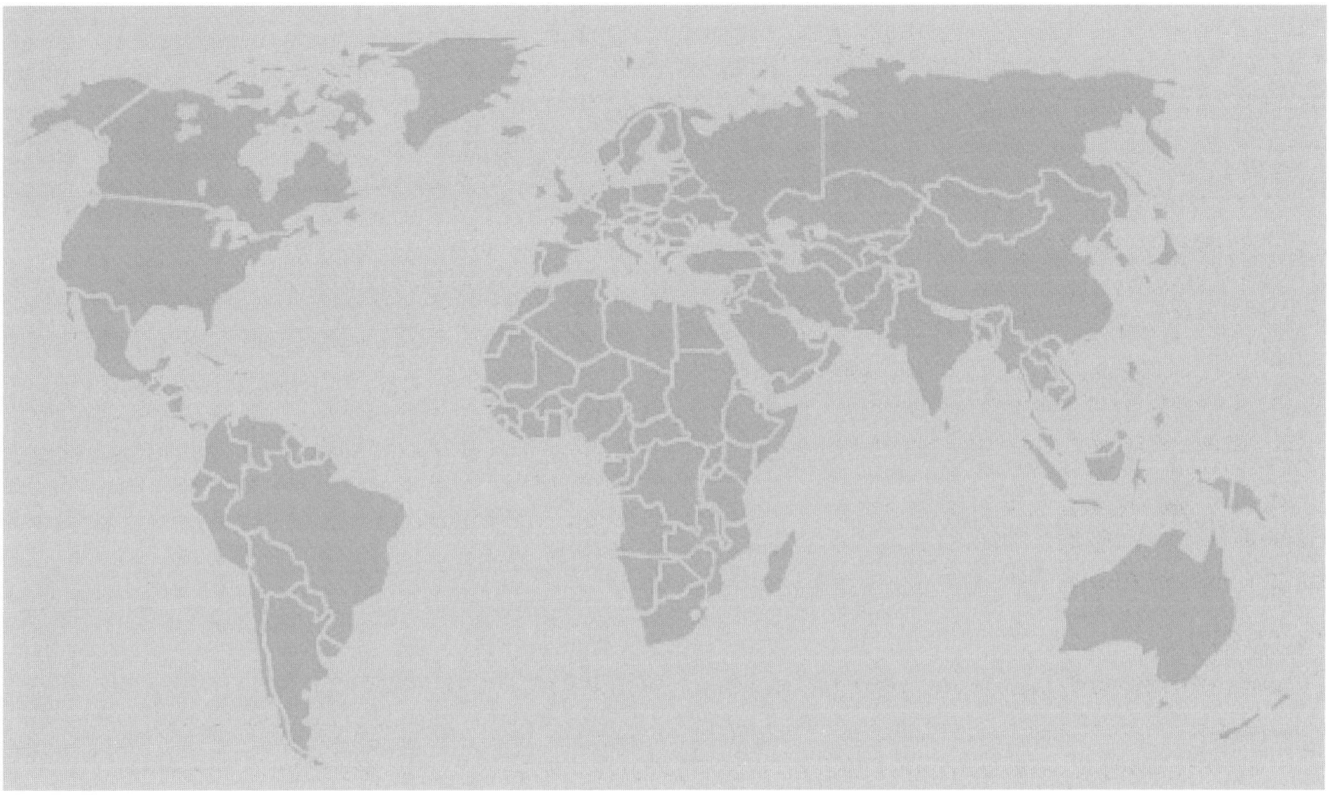

Aufgabe 4

Welche beiden Kontinente sind die von Gewalt am meisten betroffenen? Notiere.

Aufgabe 5

Erkläre den Begriff „Embargo". Warum hat die Bundesregierung bzw. die EU ein Waffenembargo gegen die Mehrzahl der oben genannten Staaten erhoben?

Aufgabe 6

Die unten aufgeführte These ist wissenschaftlich belegt. Warum rüsten diese Staaten auf und welche Auswirkungen hat dieses paradoxe Phänomen auf die Lebensbedingungen der Bevölkerung? Schreibe auf ein Blatt.

Ein Drittel aller Staaten mit Gewaltkonflikten gehören zu den ärmsten Ländern, aber gleichzeitig zu denen mit den höchsten Militärausgaben.

Station 6

Flucht aus der Heimat I

Name:

Aufgabe 1

Die nachfolgende Tabelle zeigt eine Auflistung der zehn Hauptherkunftsländer von Asylantragsstellern in den 27 Staaten der EU (2007 und 2008). Erkläre anschaulich den Ausdruck „sich um Asyl bewerben".

Rang	Herkunftsland	2007	2008	Veränderung
1	Irak	38.117	27.607	-27,6 %
2	Russische Föderation	16.738	18.183	+8,6 %
3	Somalia	10.102	17.093	+69,2 %
4	Afghanistan	8.321	13.497	+62,2 %
5	Serbien	13.348	12.633	-5,4 %
6	Pakistan	13.369	12.007	-10,2 %
7	Nigeria	6.509	11.280	+73,3 %
8	Eritrea	6.188	6.974	+12,7 %
9	Iran Islam. Rep.	5.883	6.734	+14,5 %
10	Türkei	6.220	6.299	+1,3 %

Quelle: UNHCR, Abfragestand 24.03.2009

Aufgabe 2

Bearbeite die folgenden Fragen mithilfe der oben aufgeführten Tabelle.

a) Auf welchem Kontinent liegen die Herkunftsländer der meisten Asylantragssteller? Wie viele Menschen waren es insgesamt?

b) Welcher Kontinent war 2007 und 2008 noch vertreten?

c) Um wie viel Prozent sind 2008 in etwa die Asylanträge von Personen aus dem Herkunftsland Irak im Vergleich zum Vorjahr zurückgegangen?

d) Suche nach Gründen für den deutlichen Anstieg von Antragsstellern aus den Herkunftsländern Somalia, Afghanistan und Nigeria.

Station 6

Name: ____________

Flucht aus der Heimat II

Aufgabe 3

Setze die folgenden Buchstaben zusammen. Der lateinische Begriff bedeutet „Wanderung“. Er beschreibt Menschen, die ihre Heimat für längere Zeit oder dauerhaft verlassen, um in einem anderen Ort oder anderen Land zu leben.

G • N • A • M • I • R • I • T • O ____________

Aufgabe 4

Vervollständige die folgende Definition.

„Flüchtling“ ist gemäß der Genfer Flüchtlingskonvention vom 28. Juli 1951 (Artikel 1 A) jede Person, die sich aus begründeter Furcht vor Verfolgung wegen

- ihrer ____________
- ihrer ____________
- ihrer ____________
- ihrer ____________
- ihrer ____________

„ … außerhalb des Landes befindet, dessen Staatsangehörigkeit sie besitzt und den Schutz dieses Landes nicht in Anspruch nehmen kann oder wegen dieser Befürchtungen nicht in Anspruch nehmen will …“.

Aufgabe 5

Es gibt immer mehr Menschen, die vor den Folgen von Naturkatastrophen fliehen. Wie wird diese Personengruppe bezeichnet? Prüfe, ob sie im Asylrecht anerkannt ist und in der Genfer Flüchtlingskonvention berücksichtigt wird.

____

____

____

____

Aufgabe 6

Neben der Flüchtlingswanderung gibt es z. B. die „EU-Binnenmigration“, die sich in Wanderungsbewegungen zwischen den Mitgliedsstaaten der EU äußert. Von welchen Motiven werden Menschen geleitet, ihren Lebensmittelpunkt zumindest vorübergehend zu verlegen?

____

____

____

Globalisierung: Fluch oder Segen? I

Name: ______________________

Aufgabe 1

Was bedeutet „global"? Setze die Buchstabengruppen zusammen. Erkläre anschließend das Phänomen „Globalisierung" mithilfe der folgenden Grafik.

lt • nd • sp • we • ne • um • an ______________________

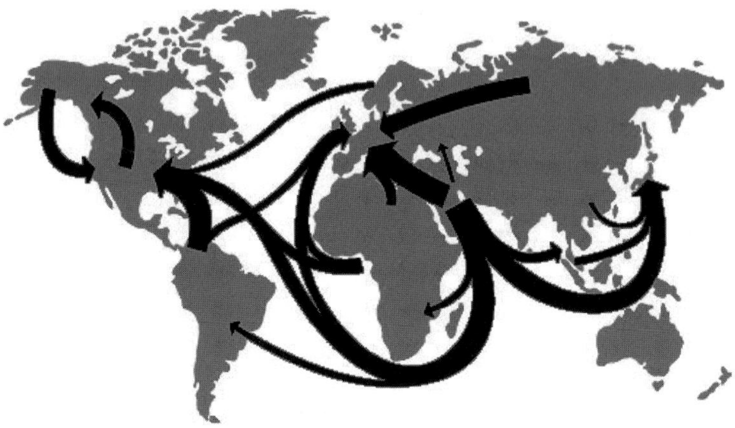

____

____

____

____

____

____

____

____

Aufgabe 2

In der Tabelle werden drei Bereiche der Globalisierung dargestellt. Ordne die unten aufgeführten Stichworte korrekt zu.

Kommunikation **„Vernetzte Welt"**	**Wirtschaft** **„Weltbinnenmarkt"**	**Gesellschaft** **„Welt als globales Dorf"**
	Merkmale	
rasante technologische Fortschritte (Telekommunikation und Mikroelektronik)	Abbau von Handelsschranken; sinkende Transportkosten	geringerer Stellenwert der Nationalstaaten und nationalen Eigenheiten

Demokratisierung – weltweite Verständigung – Schaffung neuer Arbeitsplätze – Verlust von Identität und Heimat – Wissenszuwachs – Umweltzerstörung – Zusammengehörigkeitsgefühl – Ausbeutung im Süden – Überflutung mit Informationen – geringere Produktionskosten – Abbau von Vorurteilen – Nationalismus als Gegenbewegung

Station 7

Globalisierung: Fluch oder Segen? II

Name: ___________________

Aufgabe 3

Einige der in Aufgabe 2 zugeordneten Stichworte lassen sich positiv, andere negativ bewerten. Wo siehst du Chancen und wo Gefahren? Hinterfrage kritisch und fertige eine Pro-/Kontra-Tabelle an.

Chancen (PRO Globalisierung)	Nachteile (KONTRA Globalisierung)

Aufgabe 4

Fallen dir weitere Argumente ein, die für und/oder gegen die Globalisierung sprechen? Du kannst die Tabelle ergänzen.

Aufgabe 5

Die Globalisierung wirkt sich auf vielfältige Weise auf unseren Alltag aus. Notiere Beispiele.

____

____

____

Aufgabe 6

Insbesondere politische Großveranstaltungen werden häufig begleitet von Anti-Globalisierungs-Demonstrationen. Informiere dich über globalisierungskritische Bündnisse und deren Ziele. Arbeite ein Kurzreferat aus.

Lars Gellner/Cathrin Spellner: Erdkunde an Stationen – Klasse 7/8

Fairer Handel – ein Gewinn für alle

Name: ______________________

Aufgabe

Die Produktangebote im Lebensmittelbereich werden immer vielfältiger. Bioprodukte sind den Verbrauchern bereits sehr vertraut. Eine zweite Angebotslinie, die in der öffentlichen Wahrnehmung zunehmend bekannter wird, hat inzwischen auch ihren festen Platz: „Fairer Handel"-Waren. Bearbeite folgende Aufgabenstellungen mithilfe des Internets.

1. Erkläre das Ziel und Prinzip des „Fairen Handels" (FairTrade).

____

____

____

____

____

2. Wo kann man fair gehandelte Waren erwerben? Wie sind sie gekennzeichnet?

____

____

____

3. Nenne zwei der beliebtesten und absatzstärksten „FairTrade"-Produkte.

____

____

4. Überlege, warum immer mehr Kunden gerne bereit sind, für Produkte aus dem „Fairen Handel" mehr Geld auszugeben als für die handelsüblichen.

____

____

____

____

5. Nenne mögliche Gründe, warum große Kaffeeanbieter (z. B. Nestlé, Tchibo) zunehmend mit Fair-Trade-Organisationen zusammenarbeiten.

____

____

____

____

____

6. Prüfe das Warensortiment in den Supermärkten und Discountern in deiner Nähe. Werden dort „FairTrade"-Produkte angeboten? Notiere die Ergebnisse.

Mitgliedsstaaten und Anwärter

Name: ____________________

Aufgabe 1

Male die Mitgliedsstaaten der EU nach dem Jahr ihres Beitritts mit den folgenden Farben an: blau – Gründungsmitglieder 1957; grün – Beitritt 1973; gelb – Beitritt 1981; orange – Beitritt 1986; rot – Beitritt 1995; violett – Beitritt 2004; rosa – Beitritt 2007; braun – Anwärterstaaten

Aufgabe 2

Trage die Namen aller Mitgliedsstaaten in die Karte ein. Benutze die internationalen Kfz-Kennzeichen. Notiere anschließend alle Hauptstädte auf einem Extrablatt.

Aufgabe 3

Vervollständige den folgenden Text.

Die EU besteht heute aus ____ Mitgliedsstaaten und ihre Bevölkerung umfasst rund ______ Millionen Einwohner. Die Fläche der EU erstreckt sich über ein Gebiet von mehr als ____ Millionen Quadratkilometern.

Station 2

Beitrittskandidat Türkei

Name: ____________________

Aufgabe

Seit dem 3. Oktober 2005 wird über den Beitritt der Türkei zur Europäischen Union verhandelt. Befürworter und Gegner liefern sich hitzige Debatten. Nachfolgend werden wichtige Argumente aufgeführt. Setze dich mit diesen kritisch auseinander und färbe sie mit den vorgegebenen Farben:

Für (PRO) Beitritt (grün); Gegen (KONTRA) Beitritt (rot); PRO u. KONTRA (blau)

Ein Beitritt der Türkei zur EU fördert die Integration der hier lebenden Türken.	Der Großteil der Türkei liegt geografisch gesehen nicht in Europa, sondern in Asien.
Die Türkei respektiert die Menschenrechte nicht ausreichend (Religions-/Meinungsfreiheit, Folterverbot u. a.).	Unternehmen können nach einem EU-Beitritt anstatt in Deutschland in der Türkei billig produzieren.
Nach einem Beitritt der Türkei grenzt die EU an Krisenregionen. Der Iran und der Irak wären direkte Nachbarn.	Die Türkei als modernes demokratisches EU-Mitglied kann ein Vorbild für andere islamische Länder sein.
Die Türkei bildet das Grenzland zwischen Orient und Okzident.	Der EU-Beitritt der Türkei fördert wirtschaftliche Reformprozesse.
Die Geburtenrate in den Kernstaaten Europas sinkt. Dies könnte zu einer Islamisierung Europas führen.	Im Südosten der Türkei gilt immer noch das islamische Recht der Blutrache.
Die Mitgliedschaft der Türkei stabilisiert das dortige politische System und festigt die Demokratie im Land.	Der EU-Beitritt wird der Türkei seit 1963 in Aussicht gestellt. Glaubwürdigkeit ist ein wesentlicher Punkt.
Die Türkei leugnet konsequent den Völkermord an den Armeniern und Aramäern.	Die Türkei ist ein modernes Land. Das Leben in türkischen Großstädten ist westlich geprägt.
Die Türkei ist kein altmodischer islamischer Gottesstaat. Es gibt eine Trennung von Religion und Staat.	Die türkische Kultur ist orientalisch geprägt, nicht europäisch. Es existiert eine andere Mentalität.

Station 3

Der Reformvertrag von Lissabon

Name: ______________________

Aufgabe

Finde zu jedem Satzanfang das passende Ende und notiere jeweils die dazugehörige Zahl. In der richtigen Reihenfolge ergeben die Buchstaben ein Lösungswort.

	1	Europa hat seit den Gründungsakten in der italienischen Hauptstadt …	... demokratischer, handlungsfähiger und durchschaubarer zu machen.	S
	2	Nach den Vertragsabschlüssen von Rom, Maastricht, Amsterdam und Nizza …	… und Landwirtschaft können die EU-Regierungen nicht mehr allein entscheiden.	T
	3	Der Vertrag wurde ausgehandelt zwischen den 27 Mitgliedsstaaten der EU unter …	… Anträge der übrigen 26 zu blockieren und aufzuhalten.	I
	4	Der EU-Reformvertrag wurde am 13. Dezember 2007 in Lissabon unterzeichnet und …	… ihre vertraglichen Grundlagen jeweils nach dem Ort der Unterzeichnung benannt.	F
	5	Zielsetzung des Vertrages ist, die Entscheidungsprozesse in der EU …	… Sicherheitspolitik". Dieser soll die globale Position der EU stärken.	H
	6	Erstmals wurde ein ständiger Präsident des Europäischen Rates …	… eine bessere Energiepolitik ist vertraglich festgeschrieben.	T
	7	Der EU-Außenminister trägt den Titel „Hoher Vertreter der Union für Außen- und …	… mit einer Amtszeit von zweieinhalb Jahren eingerichtet.	C
	8	Ein wichtiger Fortschritt ist die Stärkung …	… Beteiligung der Europäischen Kommission und des Europäischen Parlaments.	R
	9	In vielen Politikbereichen ist es einzelnen Ländern durch ein Veto nicht mehr möglich, …	… bildet der Lissabon-Vertrag den vorläufigen Schlusspunkt.	O
	10	Über die Bereitstellung und Aufteilung der milliardenschweren Bezuschussung für Fischerei …	… trat am 1. Dezember 2009 in Kraft.	T
	11	Der politische Einsatz für die Bekämpfung des Klimawandels und für …	… der Mitspracherechte des Europaparlaments (EU-Haushalt, Gesetzgebung u. a.).	R

Lösungswort: ___ ___ ___ ___ ___ ___ ___ ___ ___ ___ ___

1 2 3 4 5 6 7 8 9 10 11

Name: ____________

Die EU-Erweiterung I

Der 1992 in Maastricht geschlossene Vertrag über die Europäische Union trat am 1. November 1993 in Kraft. Das Vertragswerk regelt die Beitrittsbedingungen für potenzielle Bewerberstaaten. Zwei bedeutende Artikel lauten wie folgt:

Artikel 49
Jeder europäische Staat, der die in Artikel 6 Absatz 1 genannten Grundsätze achtet, kann beantragen, Mitglied der Union zu werden. [...]

Artikel 6
(1) Die Union beruht auf den Grundsätzen der Freiheit, der Demokratie, der Achtung der Menschenrechte und Grundfreiheiten sowie der Rechtsstaatlichkeit; diese Grundsätze sind allen Mitgliedstaaten gemeinsam.

Aufgabe 1

Überprüfe bei folgenden Fallbeispielen, ob die Voraussetzungen für den Antrag zur Aufnahme in die EU nach Artikel 6 Absatz 1 erfüllt werden. Begründe stichpunktartig.

Fallbeispiel	Verstoß gegen Artikel 6 (1): ja / nein	Begründung
In Bewerberstaat 1 ist die Todesstrafe noch ein häufig angewandtes Strafmaß.		
Bewerberstaat 2 garantiert, dass ein Mensch so lange als unschuldig gilt, bis seine Schuld bewiesen ist.		
Bewerberstaat 3 zensiert regierungskritische Medienberichte.		
Folter ist in Bewerberstaat 4 ein übliches Mittel bei der Befragung von Straftätern.		
In Bewerberstaat 5 haben alle Menschen das Recht, Wohnort, Beruf und Arbeitsplatz frei zu wählen.		
Bewerberstaat 6 hat eine alleinige Staatspartei. Nach dem Tod des Präsidenten übernimmt der älteste Sohn die Amtsgeschäfte.		
Bewerberstaat 7 achtet die Rechte von Lesben, Schwulen und bisexuellen Menschen nicht. Sie werden öffentlich angefeindet.		

Die EU-Erweiterung II

Name: ______________________

Aufgabe 2

Welcher Staat darf hinein in die EU, welcher muss draußen bleiben? Die Erweiterung der EU ist kein Selbstläufer. Mit ihr sind Fragen, Probleme, Risiken, jedoch auch große Chancen verbunden. Bewerte folgende Aussagen. Trage ein Kreuz in die zutreffende Spalte ein.

– –	deutliches NEIN, stimme ich nicht zu
–	eher NEIN, stimme ich eher nicht zu
0	unentschieden
+	eher JA, stimme ich eher zu
++	deutliches JA, stimme ich ganz genau zu

Aussagen	Bewertung				
	++	+	0	–	– –
Die Staaten des westlichen Balkans sollen in die EU integriert werden, um Sicherheit, Frieden und Stabilität in dieser Region dauerhaft zu gewährleisten.					
Die südosteuropäischen Staaten müssen zunächst die weit verbreitete Kriminalität und Korruption eindämmen.					
„Die Türkei sollte nicht als Bürde für die EU betrachtet werden, sondern als Gewinn." (José Manuel Barroso)					
Durch die EU-Osterweiterung kann insbesondere in Deutschland dem aktuellen Mangel an Fachkräften entgegengewirkt werden.					
Die Öffnung der deutschen und europäischen Grenzen für Arbeitnehmer aus Osteuropa (1. Mai 2011) fördert Schwarzarbeit, Lohndumping und Arbeitsplatzabbau.					
Die deutsche Gesellschaft profitiert enorm von der EU-Osterweiterung. Diese führt zu einem Austausch zwischen den Kulturen. Eine Gesellschaft benötigt Impulse von außen.					
Mit der EU-Erweiterung werden viele Staaten, die in der europäischen Geschichte und Kultur eine tragende Rolle gespielt haben, wieder integriert.					
Die geplante Erweiterung sollte vorerst gestoppt werden, da sich die EU zunächst in sich festigen muss in Anbetracht der angespannten Haushaltslage in vielen Mitgliedsstaaten.					
Die EU-Standards in Bezug auf den Umweltschutz können von den Beitrittskandidaten langfristig nicht erfüllt werden.					

Aufgabe 3

Wertet die Ergebnisse im Klassenverband aus. Zählt für alle Aussagen die Anzahl der Kreuze in jeder Spalte aus. Wo gibt es die meisten Übereinstimmungen bzw. gegensätzlichen Meinungen? Eröffnet eine Diskussionsrunde und haltet eure Erkenntnisse schriftlich fest.

Station 5

Name: ____________________

Die EU und ihre Grenzen

Aufgabe 1

Informiere dich über das **Schengener Abkommen**, das am 26. März 1995 in Kraft trat. Fasse die wesentlichen Punkte zusammen.

____

____

____

____

Aufgabe 2

Welche beiden Länder sind Vollanwender des Schengener Besitzstandes, obwohl sie nicht zur EU gehören? Suche nach Gründen. Beschrifte die Länderumrisse.

____

____

1. ____________________

2. ____________________

Aufgabe 3

Welche Vor- und Nachteile erkennst du im Schengener Abkommen?

Vorteile	Nachteile

Aufgabe 4

Wie beurteilst du die „Sonderrolle" Großbritanniens in Bezug auf das Schengener Abkommen und die Einführung des Euros? Arbeite ein Kurzreferat aus.

Wirtschafts- und Währungsunion I

Name: ______________________

Aufgabe 1

Die Textbausteine, in denen die drei Stufen der Wirtschafts- und Währungsunion beschrieben werden, sind durcheinandergeraten. Bringe sie in die richtige Reihenfolge, indem du die Ziffern 1, 2 und 3 in die Kreise einträgst.
Ergänze im Text die fehlenden Jahreszahlen und Wörter aus dem Kasten.

Aufnahmebedingungen – dritte – Beschränkungen – 1. Januar 1994 – 1999 – Wirtschaftspolitik – 1990 – Ausgabe – Großbritannien

◯ Die ________ und letzte Stufe der WWU begann am 1. Januar ________ mit der Festlegung der Wechselkurse der Währungen der elf teilnehmenden EU-Staaten (Belgien, Deutschland, Irland, Spanien, Frankreich, Italien, Luxemburg, die Niederlande, Österreich, Portugal und Finnland) sowie der Einführung des Euro als einheitliche Währung. Obwohl ______________ und Dänemark die Aufnahmebedingungen erfüllten, wollten sie zum damaligen Zeitpunkt noch nicht beitreten.
Während die Staaten untereinander bereits seit dem 1. Januar 1999 mit dem Euro rechneten und handelten, erfolgte die ____________ der Euro-Münzen und Euro-Noten an die EU-Bürger erst am 1. Januar 2002.

◯ Am 1. Juli _____ begann die Wirtschafts- und Währungsunion (WWU). Damals wurden sämtliche ________________ des freien Waren-, Personen-, Dienstleistungs- und Kapitalverkehrs innerhalb der EU-Mitgliedsstaaten abgebaut.

◯ Am ____________ wurde das Europäische Währungsinstitut (EWI) gegründet, die Vorgängereinrichtung der Europäischen Zentralbank (EZB, errichtet Juni 1998). Zwischen 1994 und 1998 mussten alle EU-Staaten die ____________________ (Konvergenzkriterien) für die Einführung des Euro im Jahre 1999 (Währungsunion) erfüllen. Die __________________ der Mitgliedsstaaten musste so ausgerichtet sein, dass die vertraglich festgelegten Stabilitätsziele erreicht wurden.

Wirtschafts- und Währungsunion II

Name:

Aufgabe 2

Schraffiere auf der Karte alle Länder, die zur Eurozone gehören, und schreibe sie auf.

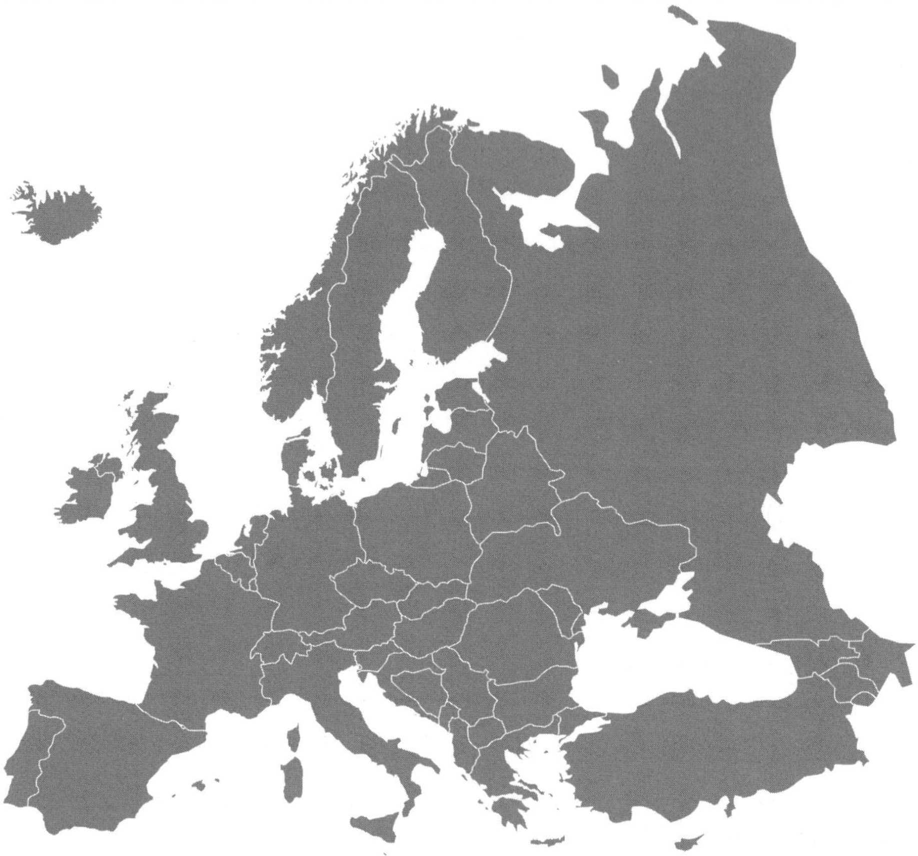

Aufgabe 3

Nenne Gründe, warum Großbritannien bis heute dem Pfund treu geblieben ist.

Aufgabe 4

In welchen beiden Balkanstaaten ist der Euro offizielles Zahlungsmittel, obwohl sie nicht zur EU gehören? Notiere.

Aufgabe 5

Überlege, welche Vorteile der Euro als gemeinsame Währung für die Europäer hat.

Station 7

Der EU-Binnenmarkt

Name:

Aufgabe

Kreuze an, ob es sich um eine wahre (w) oder falsche (f) Aussage handelt, und trage den entsprechenden Buchstaben in die Lösungstabelle ein.

		w	f
1.	Innerhalb der EU-Staaten kann nach einem Abkommen von 1993 frei und ohne Zollschranken Handel getrieben werden.	E	A
2.	Die EU ist ein abgegrenztes Wirtschaftsgebiet, ein „Binnenmarkt".	U	L
3.	In einem Binnenmarkt können die Menschen Arbeitsplatz und Wohnort nicht frei wählen.	P	R
4.	Der Weltmarkt ist der Gegensatz zum Binnenmarkt. Dieser ist durch Zölle und andere Beschränkungen gekennzeichnet.	O	E
5.	Der europäische Binnenmarkt umfasst heute 25 Mitgliedsländer der Europäischen Union.	S	P
6.	Zu den „vier Freiheiten" der EU-Bürger gehören „freier Verkehr von Waren", „Personen", „Dienstleistungen" und „Kapital".	A	E
7.	Für Waren gibt es keine Grenzkontrollen, für Bürger keine Zollkontrollen mehr. Im Rahmen der Kriminalitätsbekämpfung verzichtet auch die Polizei auf gelegentliche Stichproben.	T	G
8.	Kein Unionsbürger darf aufgrund seiner Staatsangehörigkeit benachteiligt werden.	R	I
9.	Öffentliche Aufträge müssen nicht EU-weit ausgeschrieben werden.	L	E
10.	Die Außengrenzen des Europäischen Binnenmarktes werden nach dem Standard des Schengener Abkommens gesichert.	N	A
11.	Verbraucherschutz sieht die EU nicht als wichtige Aufgabe an.	H	Z
12.	Mit der CE-Kennzeichnung auf den Produkten dokumentieren Hersteller oder Importeure, dass die EU-Richtlinien eingehalten werden.	E	I
13.	Die EU-Staaten kämpfen gemeinsam gegen Produktpiraterie.	N	M
14.	Der freie Handel kann im europäischen Binnenmarkt auch ohne strenge Wettbewerbspolitik der EU funktionieren.	U	L
15.	Die Schweiz ist mit dem europäischen Binnenmarkt besonders verbunden.	O	U
16.	Auch für den Schiffsverkehr hat die EU Wettbewerbsvorschriften aufgestellt.	S	T

	1.	2.	3.	4.	5.	6.	7.	8.	9.	10.	11.	12.	13.	14.	15.	16.
Lösung:																

Station 8

Arme und reiche Regionen I

Name: ____________________

Aufgabe 1

Ergänze im Text die fehlenden Wörter aus dem Kasten.

Lebensstandards – Ländern – Euro – Sachgüter – KKS – Wert – Leistungsfähigkeit – Währung – Bruttoinlandsprodukt – Geld – Dienstleistungen

Viele Menschen stellen in den ______________ der Europäischen Union im Lauf eines Jahres eine Menge Waren her (z. B. Autos, Elektrogeräte, Möbel usw.). Diese ____________________ haben einen bestimmten __________. Hinzu kommen ________________________, die z. B. von Verkäufern in Geschäften, Malern und Lackierern auf Baustellen, Erziehern in Kindergärten und Heimen erbracht werden. Diese unterschiedlichen Tätigkeiten lassen sich mit ________ bewerten. Die wirtschaftliche __________________________ eines Landes wird berechnet, indem der Wert der Dienstleistungen und Sachgüter addiert und die Summe durch die Anzahl der Einwohner dividiert wird. Man erhält dann das sogenannte __________________________ (abgekürzt BIP). Hinzu kommt, dass es von Land zu Land bzw. Region zu Region unterschiedlich ist, was mit einem bestimmten Geldbetrag gekauft werden kann. Um ________________________ vergleichbar zu machen, müssen auch diese Kaufkraftunterschiede Berücksichtigung finden. Dies erfolgt durch die Ermittlung des Kaufkraftstandards (abgekürzt ________), eine von der Landeswährung unabhängige künstliche ________________, die Verzerrungen aufgrund von unterschiedlichen Preisniveaus in den einzelnen Ländern ausschaltet. Ein KKS entspricht dem EU-Durchschnitt für einen ________. KKS werden in 100 ausgedrückt. Ist der Wert größer als 100, so liegt das BIP pro Kopf über dem Durchschnitt des Landes bzw. der Region (und umgekehrt).

Aufgabe 2

Die Bezeichnung Bruttoinlandsprodukt (BIP) wurde erst 1999 zwecks Angleichung an den internationalen Sprachgebrauch eingeführt. Welcher Begriff fand vorher Verwendung? Setze die Buchstaben in die richtige Reihenfolge, um das Lösungswort zu erhalten.

___ ___ ___ ___ ___ ___ ___ ___ ___ ___ ___ ___ ___ ___ ___ ___ ___ ___ ___

Station 8

Name: ________________

Arme und reiche Regionen II

Aufgabe 3

Der Lebensstandard in der EU unterscheidet sich von Land zu Land, auch innerhalb eines Landes von Region zu Region. Aus folgendem Datenmaterial lässt sich das BIP je Einwohner, ausgedrückt in Kaufkraftstandards (KKS), entnehmen. Berücksichtigt werden jeweils die 20 Regionen mit dem höchsten und niedrigsten BIP. Löse die Aufgaben.

Regionales BIP je Einwohner in der EU27 im Jahr 2006
(in KKS, EU27 = 100)

Die 20 Regionen mit dem höchsten BIP:			Die 20 Regionen mit dem niedrigsten BIP:		
1	Inner London (UK)	336	1	Nord-Est (RO)	25
2	Luxemburg (LU)	267	2	Severozapaden (BG)	25
3	Bruxelles-Cap. / Brussels Hfdst. (BE)	233	3	Severen tsentralen (BG)	27
4	Hamburg (DE)	200	4	Yuzhen tsentralen (BG)	28
5	Groningen (NL)	174	5	Sud-Vest Oltenia (RO)	30
6	Île de France (FR)	170	6	Yugoiztochen (BG)	31
7	Oberbayern (DE)	168	7	Severoiztochen (BG)	32
8	Wien (AT)	166	8	Sud-Muntenia (RO)	32
9	Stockholm (SE)	166	9	Sud-Est (RO)	33
10	Berkshire, Buckinghamshire & Oxfordshire (UK)	164	10	Lubelskie (PL)	35
11	Southern & Eastern (IE)	163	11	Podkarpackie (PL)	36
12	Praha (CZ)	162	12	Nord-Vest (RO)	36
13	Darmstadt (DE)	158	13	Centru (RO)	38
14	Bremen (DE)	157	14	Podlaskie (PL)	38
15	Utrecht (NL)	156	15	Warmińsko-Mazurskie (PL)	40
16	Hovedstaden (DK)	155	16	Swietokrzyskie (PL)	40
17	North Eastern Scotland (UK)	153	17	Észak-Alföld (HU)	40
18	Noord-Holland (NL)	151	18	Észak-Magyarország (HU)	41
19	Bratislavský Kraj (SK)	149	19	Opolskie (PL)	42
20	Åland (FI)	147	20	Dél-Alföld (HU)	42

a) Vervollständige den Satz.

Im Jahr 2006 lag das BIP je Einwohner, ausgedrückt in KKS, in den europäischen Verwaltungseinheiten (Regionen) der EU-27 zwischen ________ % des Durchschnitts der EU-27 in der Region Nord-Est in ________________ und ________ % in der Region Inner London im Vereinigten Königreich Großbritannien und Nordirland.

b) Welche deutschen Regionen lagen über 160 % des EU-27-Durchschnitts?

____

c) Betrachte die 20 Regionen am unteren Ende der Rangfolge. Was fällt dir auf?

____

Aufgabe 4

Welche Maßnahmen ergreift die EU, um den Lebensstandard in ärmeren Regionen zu erhöhen?

____

Station 9

Der Außenhandel der EU I

Name: ______________________

Aufgabe 1

Die EU ist gegenwärtig die größte Wirtschaftsmacht der Welt. Schau dir folgende Abbildung aufmerksam an und beantworte die Fragen.

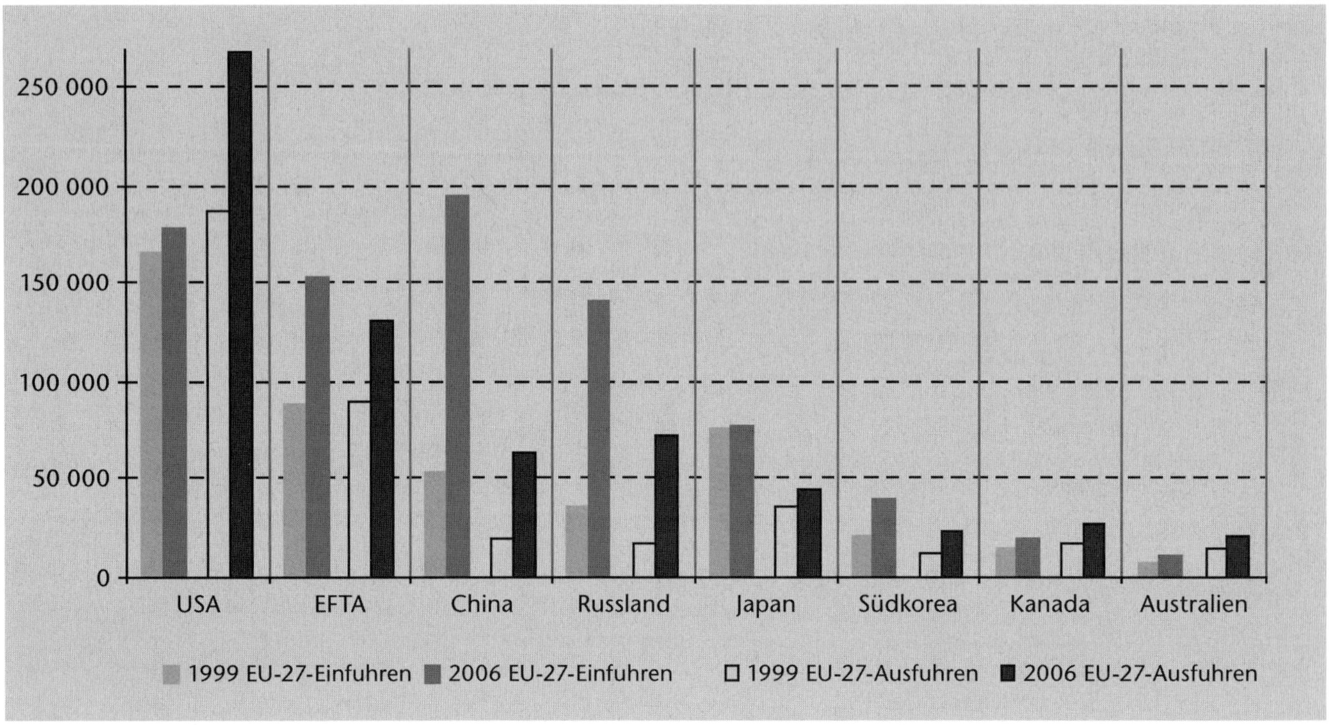

a) Mit welchen Staaten hatte die EU im Jahr 1999 eine positive Handelsbilanz (größere Exporte als Importe)?

____

b) Mit welchen Staaten hatte die EU im Jahr 1999 eine negative Handelsbilanz (größere Importe als Exporte)?

____

c) Mit welchen Staaten hatte die EU im Jahr 2006 eine positive Handelsbilanz?

____

d) „Die Einfuhren blieben 2006 im Vergleich zu 1999 stabil, während die Ausfuhren stiegen." Welcher Staat ist gemeint?

____

e) Welcher Staat löste im Jahr 2006 die USA als wichtigstes Einfuhrland der EU ab?

____

Station 9

Name: ______________________

Der Außenhandel der EU II

Aufgabe 2

Betrachte das Schaubild, auf dem die Entwicklung des Außenhandels der EU-27 mit China, in Mio. EUR (1999 – 2006), dargestellt ist. Beantworte die Fragen.

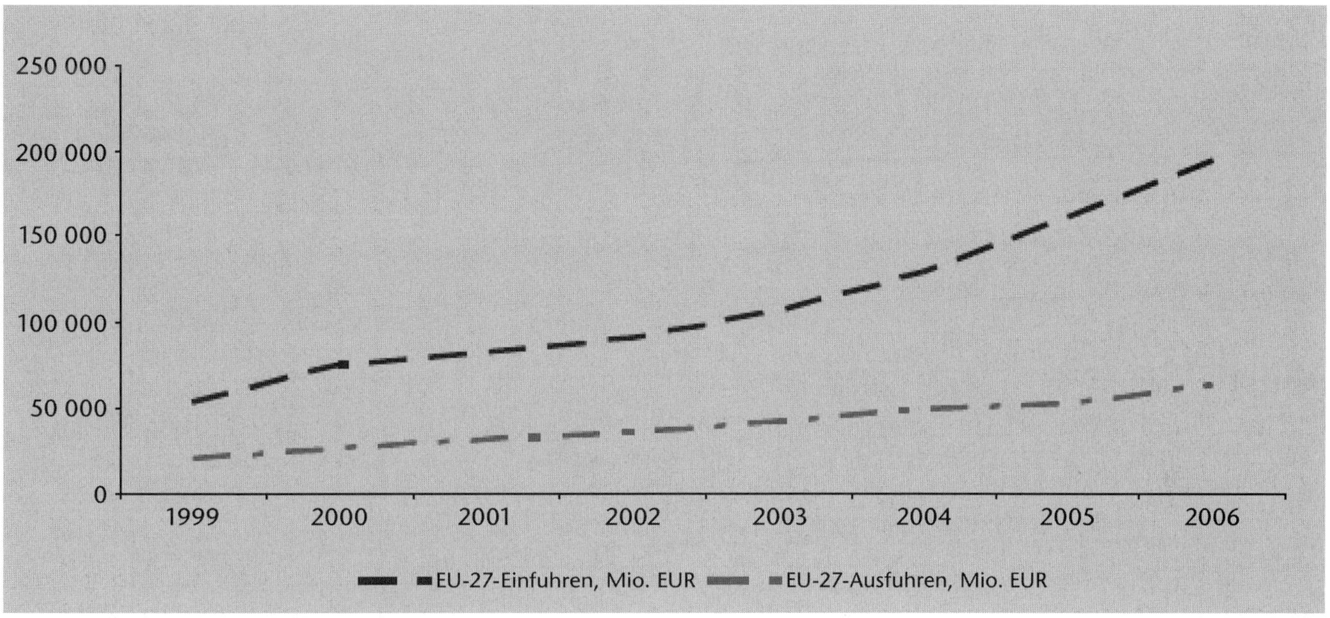

a) Treffe Aussagen in Bezug auf die Handelsbilanz.

____

____

b) Um wie viel Prozent nahmen die Importe aus China im Jahresdurchschnitt zu?

____

Aufgabe 3

Notiere zwei Hauptimportwaren.

____

Abschnitte des Harmonisierten Systems		Handelswert 2006 (in Mio. EUR)	Wachstumsraten (%)		
			Jahresdurchschnitt	Jährlich	
			1999 2006	2004 2005	2005 2006
XVI	Maschinen; elektrotechnische Waren	88,375	27,5 %	17,9 %	25,3 %
XI	Spinnstoffe und Waren daraus	24,079	16,2 %	41,9 %	12,7 %
XX	Verschiedene Waren	19,266	15,4 %	24,2 %	13,5 %
XV	Unedle Metalle und Waren daraus	13,571	24,9 %	28,9 %	51,1 %
XVII	Optische, medizinische und Musikinstrumente	7,144	15,7 %	18,4 %	22,8 %
	Sonstige Waren	41,839	15,2 %	29,8 %	14,0 %
	INSGESAMT	194,273	20,5 %	24,6 %	21,2 %

Einfuhren der EU-27 aus China – die fünf wichtigsten Warengruppen

Kampf gegen den Klimawandel

Name: ____________________

Aufgabe 1

Der Klimawandel ist eine unserer größten ökologischen, sozialen und wirtschaftlichen Bedrohungen. Es muss gehandelt, Energien anders als bisher erzeugt und genutzt werden, um dauerhaften Schaden von unserem Planeten abzuwenden. Erstelle eine PowerPoint-Präsentation, in der du folgende Punkte in den Mittelpunkt stellst:

1) Bedeutung des Begriffs „Klimawandel"
2) Ursachen des Klimawandels
3) Auswirkungen des Klimawandels
4) Alltagstipps für mehr Klimaschutz (Haushalt, Verkehr, Energieverbrauch)
5) Kyoto-Protokoll

Aufgabe 2

Die Innenminister der 27 EU-Staaten haben im April 2009 in Luxemburg nach einem über zweijährigen Verhandlungsmarathon das sogenannte „EU-Klimapaket" verabschiedet. Informiere dich über die Ergebnisse und fasse die wesentlichen Punkte zusammen.

____

____

____

____

Aufgabe 3

Um die Luftverschmutzung zu verringern, wurde Einigung über einen durchschnittlichen Kohlendioxidausstoß für Neuwagen von 120 Gramm CO_2 pro Kilometer erzielt. Recherchiere im Internet nach PKW-Modellen, die bereits jetzt weniger als 120 Gramm CO_2 pro Kilometer ausstoßen. Erstelle eine Tabelle mit folgenden Spaltenüberschriften.

Marke und Modell	CO_2-Ausstoß in g/km	KW	PS	Hubraum in ccm	Leergewicht in kg

Aufgabe 4

Der enorme Energiebedarf führt zu großen Umweltproblemen. Daher müssen Möglichkeiten gefunden werden, den Energiebedarf auf umweltfreundliche Art und Weise zu decken. Man spricht von „erneuerbaren Energien", in deren Entwicklung und Nutzung die EU führend ist. Welche erneuerbaren Energiequellen gibt es und welche Vorteile haben sie?

____

____

____

____

____

Station 11

Wissenswertes aus den EU-Staaten I

Name: ______________________

Aufgabe

Im Folgenden erhältst du interessante Informationen aus verschiedenen EU-Staaten. Ordne diese einem Land zu, indem du die jeweiligen Paare gleichfarbig ausmalst. Jedes Land hat eine Ziffer. Diese verrät dir die richtige Position des Lösungsbuchstabens auf der Lösungswortzeile am Ende des zweiten Blatts.

Information	Land
Heimat des Automobilherstellers Dacia. **Lösungsbuchstabe: R**	1 Finnland
Die Altstadt der Hauptstadt wurde von der UNESCO zum Weltkulturerbe erhoben. **Lösungsbuchstabe: P**	2 Italien
Land mit der kleinsten Gebirgskette der Welt: Hohe Tatra, 26 km lang und 16 km breit. **Lösungsbuchstabe: A**	3 Rumänien
„Land der tausend Seen" **Lösungsbuchstabe: E**	4 Ungarn
Teil der kaiserlich-königlichen Doppelmonarchie mit Österreich (1867 – 1918). **Lösungsbuchstabe: O**	5 Litauen
Gemeinsame Staatsgrenze mit Frankreich, Österreich, Slowenien und der Schweiz. **Lösungsbuchstabe: U**	6 Slowakei

Wissenswertes aus den EU-Staaten II

Name: ____________________

Die Landessprachen sind Letzebuergesch, Deutsch und Französisch. **Lösungsbuchstabe: S**	**7** Malta
Das Land wird auch „Grüne Insel" genannt. **Lösungsbuchstabe: N**	**8** Bulgarien
Das Land hat weder Flüsse noch Seen. **Lösungsbuchstabe: W**	**9** Luxemburg
Vasco da Gama und Ferdinand Magellan sind fest in der Geschichte des Landes verankert. **Lösungsbuchstabe: S**	**10** Portugal
Am 3. März wird die Befreiung aus der Herrschaft der Osmanen im Jahre 1878 gefeiert. **Lösungsbuchstabe: I**	**11** Zypern
Drittgrößte Mittelmeerinsel. **Lösungsbuchstabe: E**	**12** Irland

Lösungswort:

___	___	___	___	___	___	___	___	___	___	___	___
1	2	3	4	5	6	7	8	9	10	11	12

Station 12

Teste dein Wissen rund um die EU

Name: ____________________

Aufgabe

Wie fit bist du? Kennst du dich aus in der EU? Prüfe die folgenden Aussagen und kreuze die richtigen an. Es kann mehrere richtige Antworten geben.

1. Ziele der EU:	**2. Die europäische Flagge steht für**
☐ dauerhafter Frieden	☐ Einheit zwischen den Völkern.
☐ Kampf gegen den Klimawandel	☐ Solidarität.
☐ Arbeitsplätze und Wohlstand	☐ Harmonie.
3. Eckdaten zur EU:	**4. Europa-Hymne:**
☐ mehr als 4,3 Mio km^2	☐ Melodie von Mozarts Zauberflöte
☐ ca. 490 Millionen Einwohner	☐ Melodie von Schuberts Forellenquintett
☐ 12 sogenannte Amtssprachen	☐ Beethovens Melodie der 9. Sinfonie
5. Zur Eurozone gehören	**6. Das bevölkerungsreichste Land ist**
☐ 12 Staaten.	☐ Großbritannien.
☐ 16 Staaten.	☐ Deutschland.
☐ 27 Staaten.	☐ Frankreich.
7. Grundrechte der EU-Bürger:	**8. Die EU ist**
☐ Recht auf Menschenwürde	☐ die größte Handelsmacht der Welt.
☐ Recht auf freie Meinungsäußerung	☐ ein unbedeutender Automobilexporteur.
☐ Recht auf Freiheit und Sicherheit	☐ ein wichtiger Handelspartner der USA.

Station 1: Auswertung von thematischen Karten

Seite 8

Thema der Karte: Dienstleistungsstandort Frankfurt-City, Gebäudenutzung in der Innenstadt
Maßstab der Karte: 1:17 500
Räumliche Einordnung: Frankfurt am Main liegt zentral im europäischen Land Deutschland, genauer im Bundesland Hessen.
Aufbau der Legende: Die Legende ist in unterschiedliche Bereiche aufgeteilt: 1. Verwaltung, Finanzen und Handel, 2. Sonstige Dienstleistungen, 3. Wohnbebauung, 4. Verkehr und Grünflächen. Außerdem sind Piktogramme für Kirchen/Religionsgemeinschaft (vgl. sonstige Dienstleistungen) sowie Parken, S- und U-Bahn (vgl. Verkehr und Grünflächen) eingearbeitet.
Welche Fragen beantwortet die Karte? Auf der Karte fallen auf den ersten Blick die verschiedenen Gebäude auf. Das sind Börsen, Banken, Versicherungen oder Consulting bzw. Beratung. Betrachtet man die weiteren Gebäude, die zu dem Bereich Verwaltung, Finanzen und Handel (Stadtverwaltung, Büro, Kaufhaus, Mischnutzung) gehören, fällt auf, dass der Großteil der bebauten Fläche hiermit ausgefüllt ist. Die Gebiete, die für Büro und Wohnen gemischt stehen, sind selten vertreten. In der Legende ist die Tatsache auffällig, dass Wohnbebauung nur in Verbindung mit gewerblicher Nutzung oder Einzelhandelsgeschäften vorhanden ist. Reine Wohnhäuser kommen demnach gar nicht vor. Wenn man die Wohnbebauung auf der Karte sucht, überwiegt der Bereich Verwaltung, Finanzen und Handel sehr. Sonstige Dienstleistungen sind zwar vertreten, jedoch auch weit weniger als der Bereich Verwaltung, Finanzen und Handel. Beides findet man überwiegend in den Randgebieten. Der Bereich Verwaltung, Finanzen und Handel ist stark gebündelt und eher auf einen Raum begrenzt.
Auswertung: Warum ist das so? Frankfurt am Main ist die größte Stadt Hessens sowie eine der größten Städte Deutschlands. Schon im Mittelalter war Frankfurt ein bedeutendes Handelszentrum. Heute ist Frankfurt ein großer Banken-, Börsen- und Dienstleistungsstandort (z. B. Europäische Zentralbank) in Europa. Aufgrund seiner zentralen Lage innerhalb Deutschlands und Europas ist Frankfurt einer der wichtigsten europäischen, sogar weltweiten Verkehrsknotenpunkte. Darum ist es auch nicht verwunderlich, dass die Innenstadt Frankfurts überwiegend durch das Handels- und Finanzwesen geprägt ist.

Station 2: Auswertung und Erstellung von Klimadiagrammen

Seite 9

1.

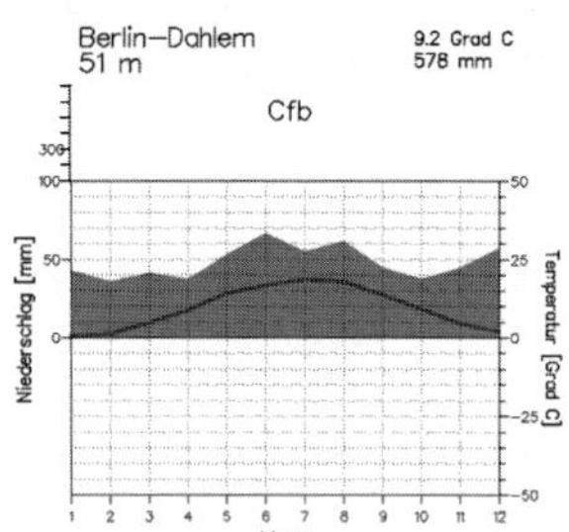

gemäßigte Klimazone

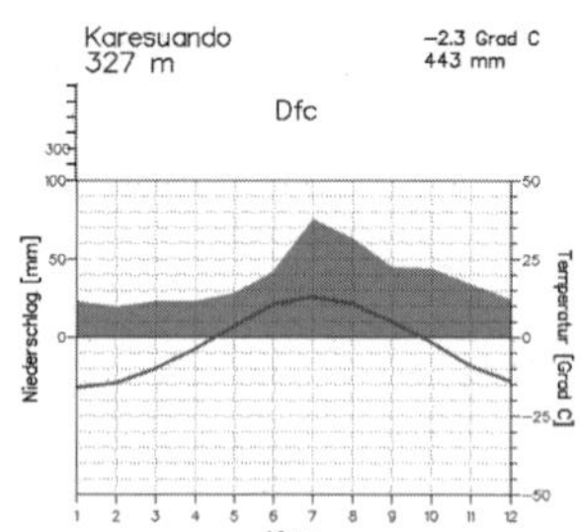

kalte Klimazone

2.

Malaga	Jan	Feb	Mär	Apr	Mai	Jun	Jul	Aug	Sep	Okt	Nov	Dez
Temperatur (°C)	12	13	14	16	19	22	25	26	23	19	15	13
Niederschlag (mm)	80	75	60	40	25	15	0	5	15	55	115	100

minimalste Temperatur: Jan. / 12 °C
maximalste Temperatur: Aug. / 26 °C
durchschnittliche Temperatur: 18 °C
minimalste Niederschläge: Jul. / 0 mm
maximalste Niederschläge: Nov. / 115 mm
Niederschläge im Jahr: 582 mm
Klimazone: subtropisch

Station 2: Auswertung und Erstellung von Klimadiagrammen

Seite 9

Manaus	Jan	Feb	Mär	Apr	Mai	Jun	Jul	Aug	Sep	Okt	Nov	Dez
Temperatur (°C)	26	26	26	26	26	26	27	27	28	28	27	27
Niederschlag (mm)	260	275	330	300	260	115	80	55	85	110	180	220

Temperaturminimum:	Jan. – Jun. / 26 °C
Temperaturmaximum:	Sep. – Okt. / 28 °C
durchschnittliche Temperatur:	26,6 °C
Niederschlagsminimum:	Aug. / 55 mm
Niederschlagsmaximum:	Mär. / 330 mm
Niederschläge im Jahr:	2 272 mm
Klimazone:	tropisch

Station 3: Auswertung von Sachtexten

Seite 11

4.
- Von der Entstehung des Schaltjahres
- Die Umlaufbahn und Rotation der Erde
- Die Achse der Erde ist geneigt
- Wie Jahreszeiten entstehen
- Tag- und Nachtlänge

5.
- 365,26 Tage braucht die Erde, um die Sonne zu umkreisen. Das ist keine ganze Zahl, weshalb es alle vier Jahre ein Schaltjahr gibt.
- Die Umlaufbahn der Erde ist elliptisch, wodurch unterschiedliche Abstände zur Sonne entstehen. Die Erde rotiert um sich selbst von West nach Ost.
- Die Erdachse ist gegenüber der Ekliptik um 23,5° geneigt.
- Durch die Erdneigung hat ein halbes Jahr lang die Nord-, dann die Südhalbkugel mehr Sonneneinstrahlung, somit ist dort Sommer. Auf der jeweils anderen Halbkugel ist dann Winter, weil sie weniger Sonneneinstrahlung hat.
- Am Äquator ist Tag- und Nachtlänge das ganze Jahr über fast immer gleich. Jedes halbe Jahr haben Arktis und Antarktis entweder völlige Tageshelle oder Dunkelheit.

6.

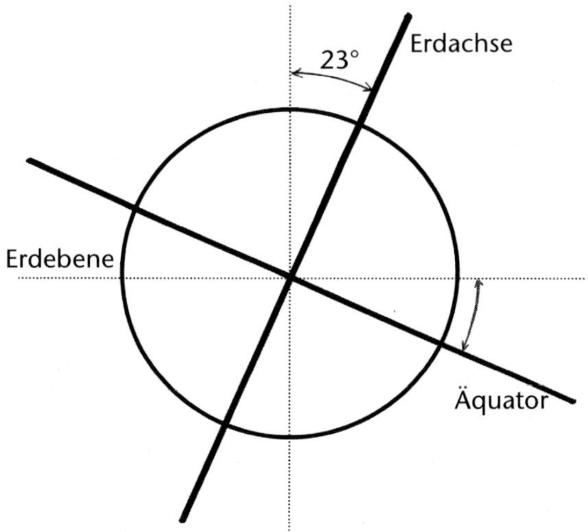

7. Effekte von Umlauf, Rotation und Achsneigung der Erde

Station 4: Auswertung von Statistiken — Seite 13

Thema der Statistik: Berufspendler von und nach Berlin 2006
Darstellungsform: Übersichtskarte mit Legende, Säulendiagramm und Tabelle
Quelle: Amt für Statistik Berlin-Brandenburg + Bundesagentur für Arbeit, Nürnberg
Räumliche und zeitliche Einordnung:
Im Osten Deutschlands liegend ist Berlin eines der kleinsten Bundesländer und komplett von dem Bundesland Brandenburg umgeben. Die Statistik der Berufspendler ist zu dem Jahr 2006. Im Balkendiagramm unten links wird auch die Entwicklung von 2000 bis 2006 dargestellt.
Welche Fragen beantwortet die Statistik?
1. Wie stellt sich das Verhältnis von Aus- zu Einpendlern zwischen Berlin und Brandenburg 2006 dar?
2. Wie stellt sich die Pendlerbewegung außerhalb Brandenburgs nach Berlin dar?
3. Wie stellt sich die Entwicklung der Pendlerbewegung in den letzten Jahren dar?
4. Aus welchen Landkreisen Brandenburgs wird besonders viel nach Berlin gependelt?

Beantworte die Fragen:
1. Laut der Tabelle pendeln 159 800 Menschen von Brandenburg nach Berlin, dagegen nur 61 300 von Berlin nach Brandenburg. Dieser Unterschied wird auch in dem Balkendiagramm deutlich.
2. Laut der Tabelle pendeln insgesamt 210 400 Menschen nach Berlin, davon 159 800 aus Brandenburg, d. h. 50 600 Menschen pendeln noch über die Grenzen Brandenburgs hinaus nach Berlin. Das ist etwa ¼ der Gesamtpendler nach Berlin. Bei den Auspendlern von Berlin sieht es folgendermaßen aus: 119 600 Auspendler insgesamt, davon 61 300 nach Brandenburg. Fast die Hälfte der Berliner Auspendler (58 300) pendelt über die Grenzen Brandenburgs hinaus.
3. Um diese Frage zu beantworten, muss man das Balkendiagramm betrachten. Durch verschiedenfarbige Balken werden die Jahre 2000 bis 2006 dargestellt. Die Einpendlerbewegung (sowohl aus Brandenburg nach Berlin wie auch aus anderen Bundesländern nach Brandenburg) stieg seit dem Jahr 2000 bis 2006 kontinuierlich an. Waren es 2000 etwa 180 000 Einpendler, sind es 2006 bereits über 200 000. Die Auspendlerzahl ist dagegen nicht in gleichem Maße gestiegen. 2003 ist sogar ein leichter Rückgang zu verzeichnen.
4. In der Übersichtskarte kann man sehen, dass es annähernd genauso viele Einpendler von Potsdam nach Berlin wie Auspendler von Berlin nach Potsdam gibt. Prinzipiell ist die Tendenz jedoch so, dass es mehr Einpendler als Auspendler gibt. Oberhavel, Barnim und Märkisch-Oderland zeigen dabei die größte Einpendlerbewegung, Prignitz und Elbe-Elster die geringste. Die meisten Auspendler gibt es im Landkreis Dahme-Spreewald. Grundsätzlich fällt auf, dass es dort, wo es wenige Einpendler gibt, auch wenige Auspendler gibt.

Formulieren wichtiger Aussagen und Beschreibung der Zusammenhänge:
Es gibt mehr Einpendler nach Berlin als Auspendler von Berlin. Dabei sind etwa ¼ der Einpendler Brandenburger. Die Einpendlerzahl stieg in den Jahren 2000 bis 2006 kontinuierlich an, auch wenn es vielleicht statistisch nicht signifikant ist. Die Auspendler sind etwa gleich geblieben.
Interpretation/Zusammenfassung:
Die Statistik belegt, dass Berlin ein wichtiger wirtschaftlicher Standort ist. Er bietet nicht nur der Berliner Bevölkerung Arbeitsplätze, sondern auch den Menschen der umliegenden Regionen.

Station 5: Auswertung von Tabellen — Seite 15

Thema der Tabelle: Erwerbstätige in Deutschland nach Wirtschaftssektoren
Quelle: Statistisches Bundesamt, Wiesbaden 2010
Räumliche und zeitliche Einordnung:
Die Statistik ist für die gesamte Bundesrepublik Deutschland geschrieben worden. Allerdings muss man beachten, dass im Jahr 1991 die ehemalige DDR hinzukam.
Das Zahlenmaterial in der Tabelle erstreckt sich von 1950 bis 2009 im 2-Jahres-Rhythmus.
Welche Fragen beantwortet die Tabelle?
1. Wie haben sich die Zahlen der Erwerbstätigen verändert?
2. Wie entwickelten sich Fischerei, Land- und Forstwirtschaft?
3. Wie hat sich das produzierende Gewerbe verändert?
4. Wie haben sich die übrigen Wirtschaftsbereiche und Dienstleistungen verändert?

Station 5: Auswertung von Tabellen

Seite 15

Beantworte die Fragen:

1. In den Jahren 1950 bis 1989 ist die Zahl der Erwerbstätigen von rund 19600000 auf 29500000 gestiegen, also um knapp 1/3. Von 1989 bis 1991 sind etwa 10000000 Erwerbstätige hinzugekommen. Das liegt aber daran, dass nun auch die ehemalige DDR mitgezählt wurde. Ab 1991 bis 2009 hat sich die Anzahl der Erwerbstätigen nur minimal verändert, sie ist leicht angestiegen.
2. Da hier die Angaben prozentual und nicht absolut sind, muss die Tatsache des Hinzukommens der DDR nicht weiter beachtet werden. 1977 haben sich die Fischerei sowie die Land- und Forstwirtschaft von ursprünglich ca. 25 % im Jahr 1950 auf knapp 6 % reduziert. Die Bedeutung der Fischerei, Land- und Forstwirtschaft ist also zurückgegangen. Ab 1977 gingen die Fischerei, die Land- und Forstwirtschaft kaum noch weiter zurück. Allerdings liegt der Wert im Jahr 2009 nur noch bei rund 2 %. Innerhalb von 59 Jahren ist der prozentuale Anteil um 23 % gesunken. Da diese Prozentangabe in Bezug auf andere Wirtschaftssektoren gesehen werden muss, ist der Rückgang innerhalb des Bereiches Fischerei, Land- und Forstwirtschaft ca. 92 % innerhalb der angegebenen 59 Jahre.
3. Das produzierende Gewerbe ist von rund 43 % auf rund 25 % gesunken. Jedoch ist es in den Jahren 1950 bis 1965 zunächst auf über 49 % angestiegen. Betrachtet man den Zeitraum 1965 bis 2009, ist das produzierende Gewerbe um die Hälfte geschrumpft.
4. Die übrigen Wirtschaftsbereiche haben sich gegenüber den anderen beiden Bereichen etabliert. Es ist ein Anstieg von knapp 33 % auf 73 % zu verzeichnen. Dieser Bereich hat sich mehr als verdoppelt.

Formulieren wichtiger Aussagen:

Zum einen ist die Anzahl der Erwerbstätigen gestiegen, zeigt aber in den letzten Jahren keine wesentlichen Veränderungen mehr. Die Bereiche Fischerei, Land- und Forstwirtschaft und produzierendes Gewerbe haben einen starken negativen Wandel hinter sich, d.h. insgesamt sind hier wesentlich weniger Erwerbstätige beschäftigt, als es noch 1950 waren. Damit einhergehend sind aber die übrigen Wirtschaftsbereiche und die Dienstleistungen enorm angewachsen.

Interpretation/Zusammenfassung:

Der Sektor Übrige Wirtschaftsbereiche, Dienstleistungen hat in unserer heutigen Gesellschaft den deutlich höchsten Stellenwert erlangt. Nur noch wenige Menschen wollen oder können in den Bereichen Fischerei, Land- und Forstwirtschaft und produzierendes Gewerbe arbeiten.

Station 6: Recherche im Internet

Seite 16

1.

Name des Flusses	Kontinent	Flusslänge
Nil	Afrika	ca. 6700 km (6671)
Amazonas	Südamerika	ca. 6400 km (6448)
Jangtse	Asien	ca. 6400 km (6380)

2. Der Amazonas ist sowohl einer der längsten als auch größten Flüsse. Darüber hinaus hat er das größte Einzugsgebiet (etwa zwei Drittel Südamerikas). Der Amazonas ist zum Teil bis zu 20 km breit und bis 100 m tief. Das ist gerade für die Schifffahrt hervorragend. Daneben hat er einen großen Wasserausstoß in den Atlantik (etwa ein Fünftel des in die Weltmeere fließenden Wassers).
3. Im Pazifik misst die tiefste Stelle (Marianengraben) ca. 11000 m Tiefe.
4. Sofern man die Antarktis und Grönland nicht betrachtet, ist der Malaspina-Gletscher im Süden Alaskas der größte innerkontinentale Gletscher. Sonst ist der Lambert-Gletscher (Alaska) der größte.
5.

Name des Süßwassersees	Kontinent	Größe
Kaspisches Meer	Europa/Asien	ca. 371000 – 394000 km²
Oberer See (Lake Superior)	Nordamerika	ca. 82000 – 84100 km²
Victoriasee	Afrika	ca. 68000 – 69000 km²

6. Im Jahr 1913 maß man in Death Valley/Kalifornien 56,7 Grad Celsius.
7. Der Grand Canyon ist mit ca. 450 km Länge die größte Schlucht der Welt. Seine Breite beträgt 6 bis 30 km. Außerdem ist der Grand Canyon für seine zahlreich schillernden Farben bekannt. Er zählt zu den größten Naturwundern der Erde und zieht jährlich rund 5 Mio. Besucher an.

Station 7: Pro-/Kontradiskussionen

Seite 17

Vorteile Stadt	Nachteile Stadt
• vielfältige Arbeitsmöglichkeiten • höhere Mobilität durch gute Verkehrsanbindung oder gute Erreichbarkeit zu Fuß • man ist nicht unbedingt auf ein Auto angewiesen (spart Kosten) • Anonymität und Unabhängigkeit (kann positiv und negativ sein) • mehr Möglichkeiten in der Freizeitgestaltung • kein typisch ländlicher Geruch • breites Dienstleistungs- und Kulturangebot • ausgebautes Gesundheitswesen • für Kinder große Auswahl an Schulen und Freizeitangeboten • Kinder erreichen Freunde, Vereine usw. einfacher, unabhängiger und schneller	• hohe Umweltbelastung/Luftverschmutzung • Stadtviertelbildung • Anonymität bzw. fehlende soziale Kontakte (Vereinsamung) • höhere Kriminalitätsrate • deutlichere soziale Unterschiede (Stadtviertel) • Platzmangel • hohes Verkehrsaufkommen und damit mehr Lärmbelästigung, Reizüberflutung sowie Hektik • oft unansehnlicher Ausblick, kaum Grün • vielfältige Angebote sind unübersichtlich und teuer • Lebenshaltungskosten sind häufig höher • ungesunde Umgebung für Tiere und Kinder

Station 8: Kurzvorträge mit PowerPoint

Seite 18

Lehrerhinweise:
Gegebenenfalls müssen Sie Ihren Schülern helfen bei: der Themenfindung, der Eingrenzung des Themas, der Recherche und dem sinnvollen Aufbau des Vortrags.
Wenn notwendig, besprechen Sie mit Ihren Schülern den Umgang mit PowerPoint oder dem Präsentationsprogramm von OpenOffice.
Besprechen Sie mit den Schülern, was sie beim Vortragen beachten sollten: angemessenes Sprechtempo, so laut sprechen, dass alle gut zuhören können, ruhig sprechen und sich ruhig verhalten, frei sprechen und die Zuhörer anschauen etc.
Geben Sie den Schülern Rückmeldung, was ihnen beim Erstellen der Präsentation und Vortragen ihres Referates gut gelungen ist. Lassen Sie auch andere Schüler positive Aspekte benennen.

Mögliche Themen für einen Kurzvortrag:
- Vom Polartag zur Polarnacht
- Sind Arktis und Antarktis nicht das Gleiche?
- Lawinen – was rollt da auf uns zu?
- Warum gibt es Ebbe und Flut?
- Eine Reise nach Berlin
- Planet Erde
- Europa – ein Kontinent
- Reise zum Mittelpunkt der Erde

Station 1: Menschen in der Wüste

Seite 19/20

1.

2. *Lebensfeindliche* **Wüste?**
Über weite *Strecken* hinweg nichts als *Sand*, kein Mensch, kein Tier, kein *Strauch*, kein *Wasser*. Wie kann ein solches Gebiet Lebens- und *Wirtschaftsraum* sein? Oasen – grüne *Inseln* inmitten der *Wüste* halten dauernd Wasser bereit. Die meisten Oasen bekommen ihr Wasser durch *Grundwasser* (neben Quell- und Flussoasen). Das Wasser sammelt sich in den *Poren* des *unterirdischen* Gesteins. Nur die wenigen *Niederschläge* am Rande der Wüste füllen die *Vorräte* auf. Typisch für die Oase ist die Dattelpalme. Sie ist vielseitig nutzbar. Die *Früchte* sind Nahrung für Mensch und Tier. Die jungen *Palmblätter* ergeben einen guten *Salat*. Das *Holz* der Dattelpalme dient als Bau- und *Brennmaterial*, die *Wedel* zur Herstellung von *Körben* und *Matten*. Auch der *Export* der Dattelfrüchte ist ein wesentlicher Punkt.
Da alles Leben in der Wüste vom Wasser abhängig ist, werden die Oasen *intensiv* genutzt. Die Palmen liefern *Schatten*, sodass Oliven-, Feigen-, Granatäpfel- und *Zitrusbäume* in ihrem Schutz wachsen können. In deren *Schutz* wachsen wiederum Bohnen, Gewürze, *Minze*, Getreide usw. Mit einem *Bewässerungssystem* werden die *Beete* mit Wasser versorgt.

4. Hirtennomaden betreiben Viehzucht. Weil das Weideland in der Wüste nur wenig Futter für die Tiere bietet, müssen Hirtennomaden von einer Oase zur nächsten ziehen.
Nomaden, die sich auf den Handel konzentrieren, ziehen von Oase zu Oase, um Güter zu transportieren. Die Oasen waren früher die einzigen Handelsplätze, die sie so aufsuchten.

5. Viele Nomaden gehen nicht mehr auf Wanderschaft und haben die traditionelle Lebensweise aufgeben müssen. Sie leben nicht mehr in Zelten, sondern in festen Häusern und betreiben selbst Landwirtschaft (nicht mehr ihre Sklaven bzw. Bauern).
Die Bedeutung der Kamele als Transportmittel rückte durch den Einsatz der Lastkraftwagen und den Bau von Straßen vermehrt in den Hintergrund. Die Nomaden, die vom Handel lebten, haben damit ihre Existenzgrundlage weitgehend verloren. Nur noch wenige Handelsnomaden ziehen durch die Wüste, da es in einigen Teilen der Wüste nahezu unmöglich ist, Straßen zu bauen. Durch die neuen Staatsgrenzen wurden viele Wanderwege zerschnitten, welche die Weidegebiete der Hirtennomaden verbanden oder die Handelswege waren. Die Regierungen sind daran interessiert, dass Nomaden sesshaft werden, da sie dann die politischen Grenzen nicht überschreiten.

Station 2: Bewohner der Savanne

Seite 21

1. Massai sind der bekannteste Volksstamm in *Kenia* und *Tansania*. Ursprünglich kommen sie aus dem *Sudan*. Die Massai entwickelten sich zu einem gefürchteten *Stamm* im Gebiet des *Riftvalley*. Aber da innerhalb der *Massai* die Konflikte zunahmen, wurden ganze *Clans* vernichtet, einige Siedlungsgebiete nahezu *entvölkert*. Dazu kamen Pockenepidemien, mehrere *Dürren* und eine Rinderpest. Die Massai wurden durch die einsetzende Kolonisation weiter *geschwächt*: Sie verloren die besten *Weidegründe*. Auch die *Naturreservate* schränken sie in ihrem *nomadischen* Lebensstil stark ein. Traditionell ernähren sich die Massai von Ziegen- und *Schaffleisch*. Rinder werden nur zu *rituellen* Anlässen geopfert. Ihre traditionelle Siedlung heißt *Enkang*. Der Enkang besteht aus 10 bis 20 flachen *Hütten*, die sie aus Lehm und *Kuhdung* bauen. Die Siedlung wird von einem Dornenwall *schützend* umgeben.

Station 2: Bewohner der Savanne

Seite 21/22

2.

3. Die Savanne ist eine Vegetationsform der Tropen bzw. Subtropen. Kennzeichnend sind die Regen- und charakteristischen Trockenzeiten. Außerdem sind diese Regionen weitgehend frostfrei. Weiterhin werden sie von einem warmen Klima bestimmt. Die Vegetation zeichnet sich durch den Wechsel von Gras- und Holzgewächsen sowie Sukkulenten (saftreiche Pflanzen) aus. Je mehr Niederschläge fallen, desto höher ist der Anteil an Baumgewächsen. Deshalb kann man auch in Dornstrauchsavanne, Trocken- und Feuchtsavanne unterscheiden.
4. Die Massai leben vor allem von der Viehzucht. Sie sind mit ihrem Vieh immer auf Wanderschaft. Denn sie können nur so lange an einem Ort bleiben, bis das Vieh die knappe Vegetation abgegrast hat. Diese Wanderschaft wird auch Nomadentum genannt. Oft wissen diese Völker genau, wann in bestimmten Gebieten grüne Weideflächen zu finden sind. Aus Erfahrung wissen sie, wann die Regenzeiten einsetzen.

Station 3: Naturvölker in den Tropen

Seite 23

1. Die Sonne steigt gegen 6 Uhr ohne wirklichen Sonnenaufgang an den Himmel empor und geht gegen 18 Uhr ohne Dämmerung unter. Durch die Hitze (24 °C bis 28 °C) verdunstet Feuchtigkeit, wodurch sich Wolken bilden. Zwischen 14 und 16/17 Uhr regnet es sehr stark (ca. 2 000 mm pro Jahr).

2. Sie bilden Jäger- und Sammlergesellschaften, die von den Früchten und Tieren leben, oder betreiben Wanderfeldbau.

3.
   - wirtschaftliche Nutzbarmachung (Holzraubbau, monokulturelle Landwirtschaft)
   - Gewinnung von Bodenschätzen, wofür riesige Flächen gerodet werden müssen
   - Durch großflächige Rodungen sind diese Flächen der Abtragung durch Wasser und Wind schutzlos ausgeliefert und sind daher kaum noch nutzbar.
   - Wasserverschmutzung durch die industrielle Wirtschaftsweise
   - Erschließung des „Wirtschaftsraumes" durch Verkehrswege

Station 4: Jäger der Arktis

Seite 25

1.

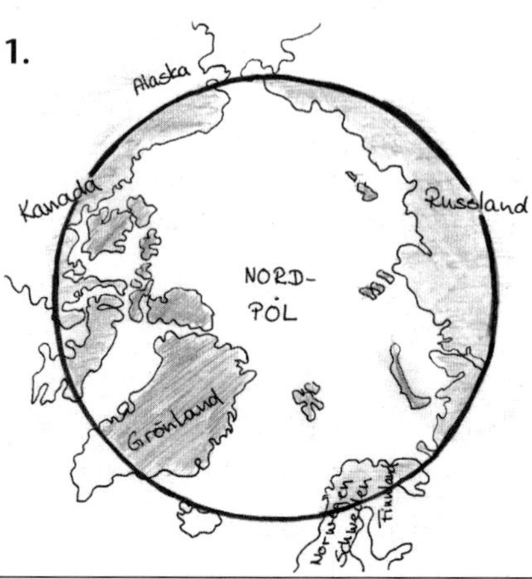

Station 4: Jäger der Arktis

Seite 25

2. • Temperaturen bis zu –50° C
   • kaum Vegetation
   • Polarnacht: 24 Stunden Dunkelheit
   • Leben durch Jagd, aber nicht durch Landwirtschaft
3. • angepasstes Leben durch Jagd: im Sommer mit Kajaks, im Winter mit Hundeschlitten
   • Selbstversorger durch Jagd
   • Herstellung eigener wasserdichter Kleidung aus Robbenfell
   • Leben im Fellzelt und Iglu
4. Robbe:
   • Fell diente zur Herstellung der schützenden wasserdichten Kleidung, von Decken und Zelten
   • Fleisch sicherte Überleben auch im Winter durch Anlegen von Vorräten im Sommer
   • Knochen, Sehnen und Därme konnten verarbeitet werden
   • Fett diente als Tran für Lampen
5. • vom Selbstversorger ins Industriezeitalter
   • Krankheiten und soziale Probleme entstanden
   • Großfamilien lösten sich auf
   • nicht jeder hat Arbeit, Existenz ist bedroht
   • Kajaks werden durch große Schiffe einer Fabrik ersetzt.
   • Traditionelles Leben wird durch Massensiedlungen ersetzt.

Station 5: Polarnacht in Skandinavien

Seite 26

1. Eigentlich zählen nur die Länder der *skandinavischen* Halbinsel (*Schweden* und Norwegen) zu *Skandinavien*. Da aber die Kultur und die Sprache von Finnland, Dänemark und *Island* so ähnlich sind, werden auch sie meist zu den skandinavischen *Ländern* gezählt. Einzig die *finnische* Sprache unterscheidet sich stark von denen der anderen Länder. Aber Finnland gehörte bis 1809 zu Schweden, sodass auch *Schwedisch* dort noch weitverbreitet ist.
   Die Länder *Norwegen*, Schweden und Finnland unterscheiden sich klimatisch von *Dänemark* und Island. Ihr Norden zählt zum *Nordpolargebiet*. Das Klima des Nordpolargebietes ist durch lange Winter mit *tiefgefrorenen* Böden gekennzeichnet. Ebenso sind Teile mit *Eiswüsten* bedeckt. Im Sommer taut der Boden auf. Die Pflanzen müssen innerhalb kürzester Zeit wachsen. Südlich des *Polarkreises* finden wir dagegen den nördlichen *Nadelwald*, meist als riesige *Waldgebiete*.
   Nur im Nordpolarkreisgebiet kann man in den Ländern Norwegen, Schweden und Finnland ein *Naturschauspiel* bewundern: die *Polarnacht* und den *Polartag*.

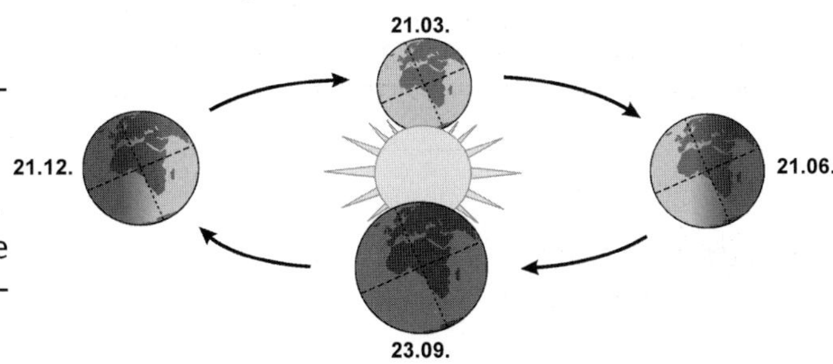

2. Die Erde dreht sich im Jahr einmal um die Sonne. Die Erdachse ist gegenüber der Umlaufbahn um 23,5° geneigt. Je nach Bahnposition ist entweder die nördliche oder südliche Halbkugel mehr zur Sonne hin geneigt und wird damit stärker von der Sonne bestrahlt. So hat im Juni die nördliche Halbkugel mehr Sonnenstunden, im Dezember die südliche Halbkugel. Dementsprechend hat entweder der Nordpol oder der Südpol die meisten Sonnenstunden. Geht die Sonne nicht auf, sprechen wir von der Polarnacht. Geht die Sonne nicht unter, heißt das Polartag.
   Die Anzahl der Polarnächte bzw. Polartage nehmen vom Pol hin zum Polarkreis ab. Das heißt, dass am Pol direkt die meisten Polartage und -nächte zu beobachten sind. An den Polarkreisen selber kann man jeweils eine Polarnacht und einen Polartag sehen.
   Im Bereich der skandinavischen Länder bedeutet das konkret: In der Zeit vom 23.09.–21.03. wird die Sonne am Nordpol nicht aufgehen. Das bedeutet, dass in dieser Zeit die Polarnacht eintritt. Am 22. Dezember ist die Polarnacht in größter Ausdehnung zu beobachten.
   In der Zeit vom 21.03.–23.09. geht dann aber die Sonne nicht unter und man kann den Polartag beobachten. In der Mittsommernacht am 21.06. ist der Tag erreicht, bei dem die Sonne den höchsten Stand (größte Ausdehnung) erreicht hat.

1.

Tundra — Taiga — Mittelmeerische Pflanzen — Sommergrüner Laub- und Mischwald — Steppe

2. Vereinfachte Darstellung

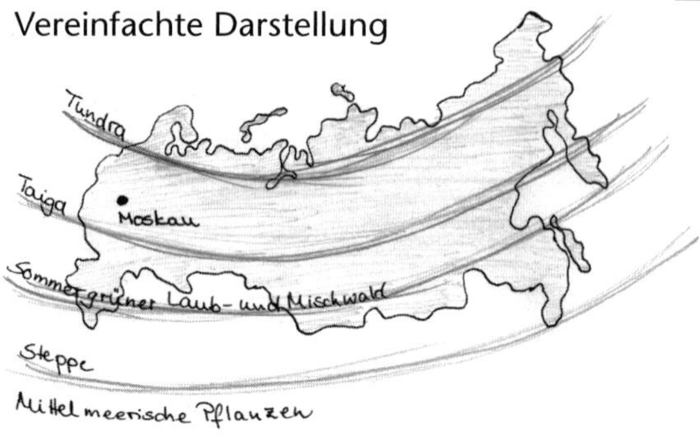

4.

- **Polare Zone:** bestimmt durch Eisklimate und Kältewüsten; außer Moosen und Flechten keine Vegetation; kältester Monat –60 °C; Sommer nur kurz, wärmster Monat +6 °C
- **Tundrenklimate:** Kältesteppe bzw. Tundra; Flechten, Moose, kriechende Pflanzen, keine Bäume; Pflanzen passen sich durch Zwergwuchs, Verholzung, kleine Blätter und flache Wurzeln an; Sommer nur kurz, wärmster Monat +5 °C bis +12 °C
- **Gemäßigte Zone:** Kaltgemäßigte und Kühlgemäßigte Klimate; in Russland weitverbreitet
  - Kaltgemäßigte Klimate: Borealer Nadelwald bzw. Taiga; kontinentales Klima; Sommer kurz, wärmster Monat über +10 °C, geringe Niederschläge fallen im Sommer
  - Kühlgemäßigte Klimate: sommergrüner Laub- und Mischwald; kältester Monat in Westeuropa +2° C bis +10 °C, im kontinentalen Bereich ca. –30 °C
- **Trockenklimate der mittleren Breiten:** winterkalte Steppen/Halbwüsten; kalte Winter, heiße Sommer
- **Subtropische Zone:** Hartlaubwälder (Ölbäume, Stechpalme, immergrüne Gewächse); Mittelmeerklima; Sommer: heiß, trocken (+22 °C bis +26 °C); Winter: mild, regenreich, mittlere Temperaturen (+4 °C bis +12 °C)

5. **Moskau:**
Höchste Temperatur: um die 19 °C im Juli
Niedrigste Temperatur: –10 °C im Januar
Durchschnittstemperatur: 5 °C
Größter Niederschlag: ca. 92 mm im Juni (Monat der höchsten Temperatur)
Geringster Niederschlag: ca. 33 mm im März (nicht im kältesten Monat)
Niederschlag pro Jahr: 688 mm
St. Petersburg:
Höchste Temperatur: um die 19 °C im Juli
Niedrigste Temperatur: –8 °C im Januar
Durchschnittstemperatur: 5 °C
Größter Niederschlag: 80 mm im August (nicht im wärmsten Monat, der hat etwas weniger Niederschlag)
Geringster Niederschlag: 30 mm im Februar (nicht kältester Monat, Folgemonate ähnliche Niederschlagsmenge)
Niederschlag pro Jahr: 621 mm
Königsberg
Höchste Temperatur: ca. 17 °C im Juli/August
Niedrigste Temperatur: ca. –4 °C im Januar
Durchschnittstemperatur: 7,2 °C
Größter Niederschlag: ca. 90 mm im August/September/November
Geringster Niederschlag: ca. 37 mm im April
Niederschlag pro Jahr: 802 mm

Station 6: Klimazonen beeinflussen Russland

Seite 28

6. • Moskau und St. Petersburg haben aufgrund ähnlicher geografischer Lage ein ähnliches Klimadiagramm.
   • Königsberg liegt näher am Meer, daher auch mehr Niederschläge und wärmere Temperaturen (milder).
   • Alle drei Städte liegen in der gemäßigten Klimazone.

Station 7: Landschaftsformen Neuseelands

Seite 29

1. Neuseeland liegt südöstlich von Australien im Südwestpazifik. Neuseeland besteht aus der Nord- und Südinsel. Dazu kommen viele kleinere Inseln vor der Küste.

2.

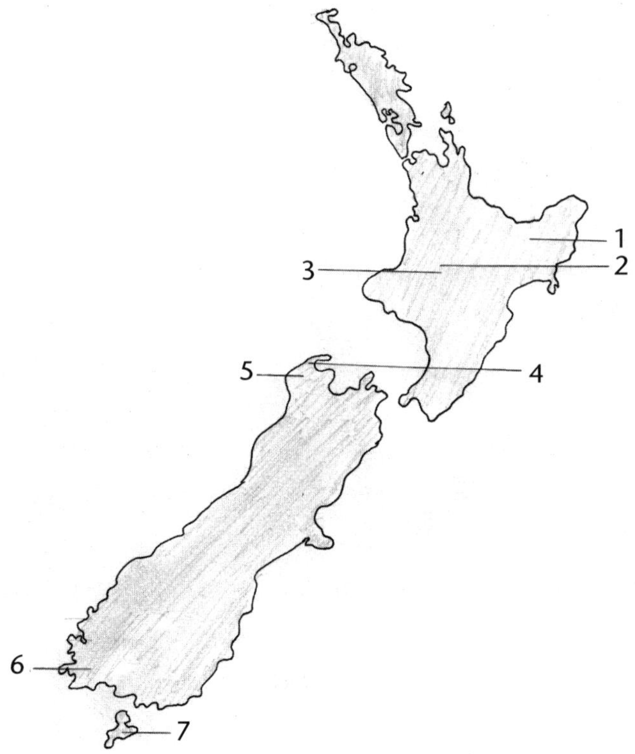

1 Te Urewera National Park
2 Tongario National Park
3 Whanganui National Park
4 Abel Tasman National Park
5 Kahurangi National Park
6 Fiordlan National Park
7 Rakiura National Park

3. **Northland:** subtropische Landschaftsform mit Obst- und Zitrusanbau
   Taranaki: zentrales Bergland mit mehreren tätigen und ruhenden Vulkanen
   Southern Alps: Hochgebirgskette mit Bergen über 3000 m und Gletschern
   Canterbury: weite Voralpenebene mit ausgedehnten Weiden und Feldern
   Fjordland: Bergseen, weite Hochebenen und tief eingeschnittene Fjorde

   Zusatzinfo:
   Neuseeland besticht durch seine beeindruckende Landschaft: Gletscher, Fjorde, zerklüftete Gebirge mit klaren Bergseen, weite Ebenen, subtropische Wälder, Geysire, Vulkanplateaus, kilometerlange Küsten mit bemerkenswerten Sandstränden.
   Auf der Nordinsel verläuft eine Gebirgskette. Auf beiden Seiten liegt sanft geschwungenes Ackerland. Im Zentrum der Nordinsel sind Vulkanplateaus zu finden. Deshalb ist dies ein aktives vulkanisches und thermisches Gebiet. Auch auf der Südinsel verläuft eine Gebirgskette, auf der man etliche Gletscher finden kann. Im Osten dieses Gebirges befindet sich hügeliges Ackerland und die flachen Canterbury Plains.

1.

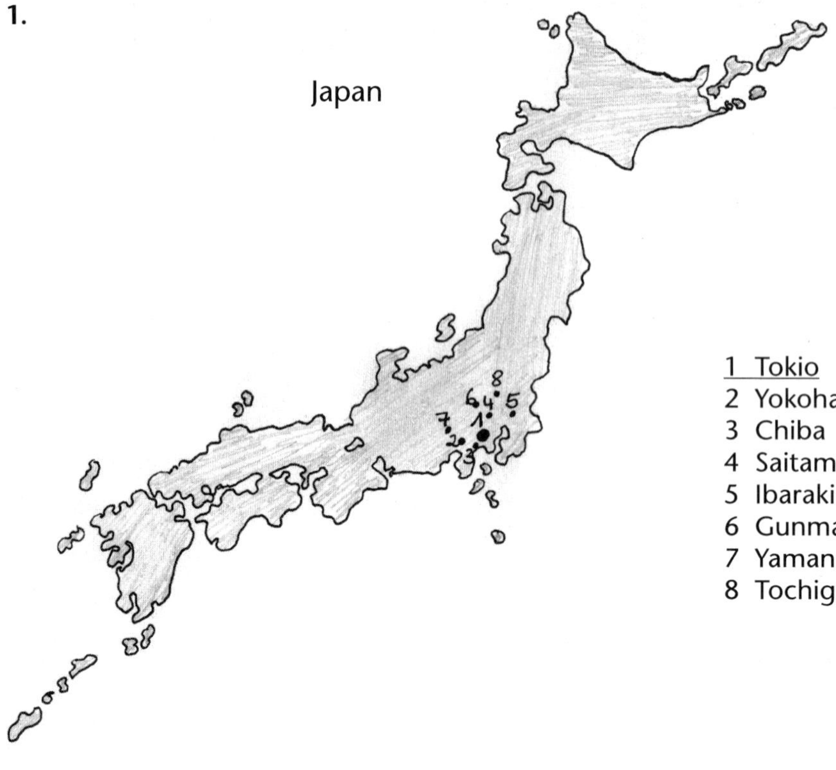

1 Tokio
2 Yokohama
3 Chiba
4 Saitama
5 Ibaraki
6 Gunma
7 Yamanashi
8 Tochigi

2. Es handelt sich hierbei um ein Ballungsgebiet rund um Tokio. Die Städte liegen sehr dicht aneinander. Zudem gibt es eine Vielzahl an Städten, die direkt an Tokio angrenzen. Sie sind zum Teil sehr schwer einzuzeichnen, weil die Stadtgrenzen ineinander übergehen.

3. Auf der Karte ist das Großraumgebiet Tokio in seiner sehr dichten Besiedelung zu sehen. Auffällig ist die Farbverteilung. Vor allem Geschäftszentren, Industrie und Hafenanlagen sind im geschäftlichen Sektor zu verzeichnen. Darüber hinaus haben in diesem Großraum Behörden sowie viele industrielle Konzerne ihren Sitz. Dementsprechend ist die Verkehrsanbindung (Autobahn, Hochgeschwindigkeitsbahn etc.) gut ausgebaut. Daneben ist ein Großteil Wohnfläche eingetragen. Die Geschäfts- wie auch die Wohnflächen sind so eng aneinanderliegend, dass es kaum Grünflächen (z. B. Wald) gibt. Auch Reserveflächen sind so gut wie nicht vorhanden. Ein Ausweichen ist für den Menschen also kaum möglich.

4. Man sieht auf dem Bild sehr gut, dass aufgrund des Platzmangels jeder Millimeter so effektiv wie möglich genutzt wird. Gebäude wachsen daher in die Höhe, um möglichst viel Büro- oder Wohnraum zu schaffen. Um das enorme Verkehrsaufkommen zu bewältigen, werden Straßen übereinandergebaut. Die Straßenlandschaft wirkt so schon fast verworren. Dicht an dicht sind Straßen und Häuser gedrängt.

5.
- sehr dicht besiedeltes Ballungsgebiet
- gewaltige Straßenbaumaßnahmen mit mehrstöckigen Unter- und Überführungen
- Baumaßnahmen in Höhe und Tiefe, um jeden Platz zu nutzen
- Weitere Verdichtungsräume schließen direkt an Tokio an, was den Platzmangel noch verstärkt (Tokio kann sich nicht weiter ausdehnen).
- Auf engstem Raum drängen sich Häuser und Straßen aneinander.
- Nur mit Abstellplatz darf man ein Auto besitzen (wegen des Raummangels).
- Wohnungen sind oft für uns unvorstellbar klein.

6. Die Beantwortung der Frage ist individuell verschieden.
Für : Arbeitsplatzsituation, vielfältige Aufgaben, interessantes und unbekanntes Land, Kennenlernen von Menschen und Kultur, …
Wider: zu wenig Raum um sich zu bewegen, zu viel Verkehr, zu viel Hektik, zu wenig Grünflächen, …

Station 1: Risikogebiete für Naturkatastrophen

Seite 32

1.

	V																			
D	U	E	R	R	E	P	E	R	I	O	D	E	N							
	L			K	A	E	L	T	E	W	E	L	L	E	N					
	K						A				S									E
	A						W					T							R	
H	N						I						U					D		
	A						N							R			R			
	U	G		U	E	B	E	R	S	C	H	W	E	M	M	U	N	G	E	N
	S		E				N								T					
	B			L										S						
E	R	D	B	E	B	E	N						C							
	U											H								
	E																			
	C																			
	H					W	A	L	D	B	R	A	E	N	D	E				
	E																			

2. **Endogene Kräfte** sind solche, die aus dem Erdinneren kommen, z. B. Vulkane, Erdbeben. **Exogene Kräfte** sind solche, die auf die von außen wirkenden Faktoren (z. B. Sonneneinstrahlung) zurückgehen, z. B. Wirbelstürme, Hochwasser, Dürre.
3. Von endogen bedingten Naturkatastrophen ist man vor allem an Tiefseegräben und an den Plattenrändern betroffen (Westküste Nord-/Südamerikas). Hier wirken u. a. durch die Plattenbewegungen enorme Kräfte, die sich dann als Erdbeben, Gebirgsbildung oder Vulkanismus bemerkbar machen.
   Vor exogen bedingten Naturkatastrophen ist man nirgends auf der Erde sicher. Diese sind u. a. auf Windbewegung oder die Sonneneinstrahlung zurückzuführen.

Station 2: Die Erde bebt

Seite 33

1. **Divergente Plattenbewegung:** Die ozeanischen Platten driften auseinander (bis zu 18 cm pro Jahr). Man nennt das auch seafloor-spreading. An der Driftzone wird ständig neue Kruste gebildet, da geschmolzenes Material aus dem Erdinneren ausströmt und erstarrt. Divergente Plattenbewegungen kann man z. B. im Mittelatlantischen Rücken finden.
   Konvergente Plattenbewegung: Zwei Platten bewegen sich aufeinander zu. Dabei taucht die schwerere Platte unter die leichtere. Die abtauchende alte Kruste schmilzt unter der Hitze und dem Druck im Erdinneren. Das nennt man Subduktion. Entsprechend entstehen hier Subduktionsrinnen bzw. Tiefseerinnen. Beispielhaft für diese Plattenbewegung ist der „Zirkumpazifische Feuerring", der sich von Neuseeland über Alaska bis zur Südspitze Südamerikas erstreckt.
   Tranformstörungen: Die beiden Platten gleiten waagerecht aneinander vorbei. Deswegen wird keine neue Kruste gebildet, aber auch keine zerstört. Stattdessen können sich die Platten verkeilen bzw. verklemmen. Im Vergleich zur divergenten und konvergenten Plattenbewegung kommt es entlang des Verschiebungsbereiches nicht zu Vulkanismus, sondern „nur" zu Erdbeben.

Station 2: Die Erde bebt

Seite 33

2. Bei allen drei Bildern handelt es sich um konvergente Plattenbewegung.
   a. kontinentale unter kontinentale Platte: Die Platten verkeilen sich und ein Gebirge wird schichtartig aufgebaut (z. B. Alpen).
   b. ozeanische unter kontinentale Platte: Man erkennt ebenso Gebirgsbildung wie auch die Bildung eines Tiefseegrabens. Außerdem kommt es zur Bildung von Vulkanen, da der Druck im Erdinneren zunimmt (z. B. Gebirgszüge der Anden in Südamerika).
   c. ozeanische unter ozeanische Platte: Eine Platte sinkt ab. Im Erdinneren schmilzt sie zu Magma, das die entstandenen Vulkane brauchen. Durch die im Meer stattfindenden Vulkanausbrüche entstehen neue Inseln (z. B. Japan).
3. Die Erde bebt, weil sich die Platten entweder untereinanderschieben (konvergente Plattenbewegung) oder aneinander vorbeigleiten (Transformstörungen). Dabei entstehen Erdbewegungen durch das Verkeilen oder die Reibung der Platten.
4. Das Oberrheintal, die Schwäbische Alb und die Niederrheinische Bucht liegen auf sogenannten Sollbruchstellen. Hier bricht Europa auseinander. Daher können in diesen Gebieten Erdbeben auftreten. Im Vogtland kann es aufgrund vulkanischer Aktivität zu kleineren Erdbeben kommen.

Station 3: Vulkane und Profit

Seite 35

1.

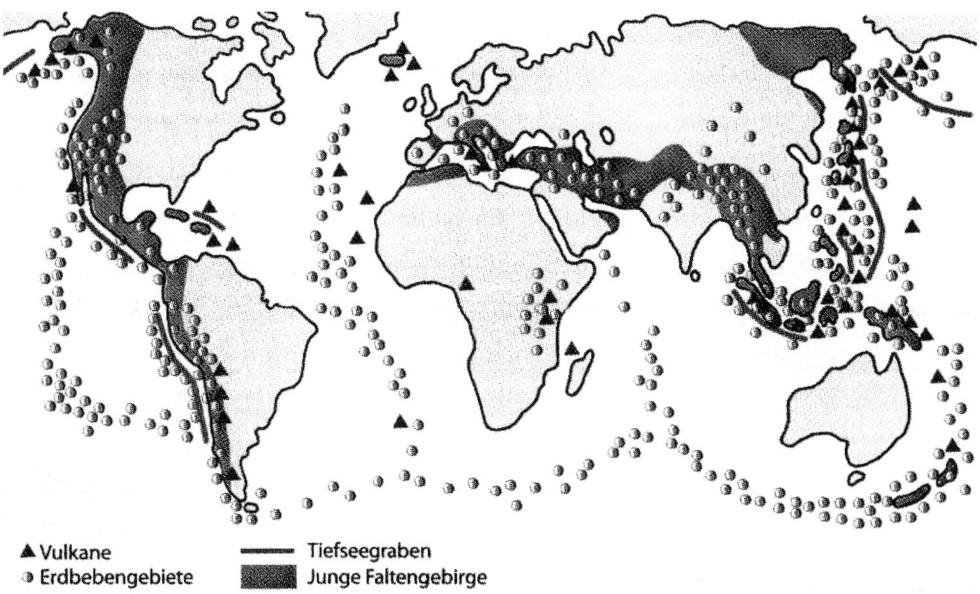

2. Vulkane sind eine unberechenbare Naturgewalt, die den Menschen mit ihrer zerstörerischen Kraft und Schnelligkeit überwältigen und überraschen, ja sogar den Tod bringen können. Lava und Asche verursachen gewaltige Schäden. Sie vernichten ganze Städte und Landschaftsstriche. Außerdem können Vulkane starke Erdbeben hervorrufen, selbst wenn sie nicht ausbrechen.
3. • Landwirtschaftliche Nutzung (Beschreibung individuell, vgl. Text)
   • Industrielle Nutzung des Gesteins (Beschreibung individuell, vgl. Text)
   • Energiegewinnung und Erdwärme (Beschreibung individuell, vgl. Text)
   • Tourismus (Beschreibung individuell, vgl. Text)
   • Nutzung der Quellen für Trinkwasser (Beschreibung individuell, vgl. Text)
4. *Individuelle Schülerantworten*

Station 4: Naturkraft Wind

Seite 37

1. Ein Tornado ist ein kleinräumiger trichterförmiger Luftwirbel bzw. ein außertropischer Wirbelsturm. Er ist nicht mit einem Hurrikan vergleichbar. Trotzdem hinterlässt ein Tornado wegen seiner sehr hohen Windstärke eine Schneise der Verwüstung. Schätzungsweise kann er eine Höchstgeschwindigkeit von bis zu 500 km/h erreichen. Meist liegt die Geschwindigkeit bei 50 km/h. Der Druck im Inneren des Tornadotrichters liegt wesentlich unter dem der Umgebung.
2. Außertropische Wirbelstürme bilden sich vor Kaltfronten, dort wo kalte, trockene Luft auf feucht-warme Luft trifft. Durch diese großen Gegensätze von Temperatur und Luftfeuchtigkeit bildet sich ein Gewitter. Die kalte Luft stürzt nach unten. Die warme Luft steigt gleichzeitig blitzschnell nach oben auf. Durch die starken Aufwinde gerät sie in eine Kreisbewegung. Außerdem kondensiert die warme Luft. Der typische, schlauchförmige Tornadotrichter wird aufgrund der Kondensation und des aufgesogenen Staubs sichtbar.
3. Auch Deutschland ist betroffen, denn in Mitteleuropa herrschen die Bedingungen, die für die Entstehung eines Tornados ausschlaggebend sind.
4. Der Tornado mit seinem Unterdruck lässt Häuser regelrecht explodieren, wenn er sie streift. In wenigen Minuten kann ein Tornado, insbesondere wenn er Bodenkontakt hat, ganze Dörfer auslöschen. Bäume werden entwurzelt, Autos durch die Luft geschleudert und Menschen getötet.

Station 5: Naturkraft Eis

Seite 38

Gletscher schieben Moränen mit Gesteinsbrocken unterschiedlicher Größe (von feinem Ton bis hin zu großen Blöcken) vor sich her (Geschiebe). Außerdem haben sie Gesteinsbrocken in ihrem Eis eingeschlossen. Es gibt unterschiedliche Moränen: Seitenmoräne (am Gletscherrand), Mittelmoräne (entsteht aus zwei Seitenmoränen, wenn zwei Gletscher zusammenfließen), Grundmoräne (am Gletscherboden) und Endmoräne (an der Gletscherstirn). Auf der Oberfläche oder an der Sohle fließt das Schmelzwasser des Gletschers. Auch die Gletscherflüsse bewegen Gesteine (Schwebfracht und Geschiebe). Durch das Geschiebe und die Gesteine im Fluss wird der feste Gesteinsuntergrund abgetragen, abgeschliffen bzw. abgerieben.
Wenn ein Gletscher auf einen Hügel oder Felsen trifft, wird dieser eventuell rund geschliffen. Dazu muss aber der Gletscher groß und mächtig genug sein. Ist er das nicht, entstehen Furchen, Schrammen oder Kratzspuren.
Am Rand des Gletschers können sich vorübergehend Seen bilden, da sich das schmelzende Eis staut. Gletscher sind an der Reliefbildung maßgeblich beteiligt. Sie schleifen die Unebenheiten der Erdoberfläche durch die schürfende Wirkung des Eises und des Geschiebes regelrecht ab. Was ein Gletscher geformt hat, kann man jedoch erst sehen, wenn er abgeschmolzen ist.

Station 6: Naturkraft Wasser

Seite 39

1. Ein Fluss sucht immer den leichtesten und kürzesten Weg zum Fließen. Hindernisse wie Kies- und Sandbänke oder Felsbrocken stören jedoch das geradlinige Fließen des Flusses. Er umfließt diese Hindernisse und ändert damit seine Stromrichtung. Das Wasser des Flusses prallt an der Seite des Hindernisses ab. Dadurch entsteht ein steiler Prallhang. Außerdem bilden sich Flussschleifen. Zwei Prallhänge liegen sich, getrennt durch Land, gegenüber bzw. sind benachbart. Der Fluss trägt am Prallhang immer mehr Material ab. Wenn der Fluss ausreichend Kraft hat, zieht sich die Flussschleife immer enger zusammen bis es zu einem Durchbruch kommt. Es entstehen Altwasserarme und ein Umlaufberg. Der Fluss kann nun wieder annähernd geradlinig fließen.
2. Durch die Flussbegradigung konnte der Fluss durch seine natürlichen Hindernisse nicht mehr gebremst werden. Eine höhere Fließgeschwindigkeit ist die Folge. Dadurch ist auch die Erosion wesentlich höher als zuvor und der Grundwasserspiegel wird gesenkt. Außerdem droht Hochwassergefahr für die Gebiete nach dem begradigten Flussabschnitt, denn der Fluss kann z.B. nicht über Altwasserarme Wasser abführen. Darüber hinaus wird die flussnahe Landwirtschaft beeinflusst. Das betrifft auch die Wasserversorgung der Wälder in Flussnähe.
   Ohne Flussbegradigung hätte sich der Fluss selbst regulieren können. Die Flussbegradigung hat also auch schwerwiegende Folgen, die für die Menschen durchaus in einer Katastrophe enden können.

Station 7: Achtung Waldbrände

Seite 40

1. Die meisten _Waldbrände_ werden durch den _Menschen_ verursacht: _Brandrodung_, Brandstiftung, _Unachtsamkeit_, weggeworfene Zigaretten, Lagerfeuer usw. Daneben gibt es natürliche _Ursachen_ wie Blitzschläge. Allerdings ist das im Vergleich zu den _unnatürlichen_ Ursachen eher selten. In Mitteleuropa würden ohne _Einwirken_ des Menschen nur kleinflächig Waldbrände auftreten. Weil der Mensch die _Landschaften_ nachhaltig verändert, wird der Waldbrand zu einer _Katastrophe_. Ganze _Landstriche_ werden schnell _zerstört_, der Boden ist erosionsanfälliger und kann _ausgewaschen_ werden. Der abgebrannte Boden _trocknet_ schnell aus und wird _wasserundurchlässig_, er ist dann kaum noch nutzbar.
   Zu einem funktionierenden natürlichen Ökosystem gehören Waldbrände sogar dazu. Sie helfen dem Wald, sich zu erneuern oder zu _verjüngen_. Abgestorbenes, trockenes Holz oder _kranke_ Pflanzen werden so _vernichtet_. Gesunde Pflanzen überleben den natürlichen Waldbrand, da sie genug _Feuchtigkeit_ bereithalten. Da trockenes _Totholz_ verbrannt ist, wird die Gefahr eines neuen, größeren Waldbrandes natürlich reguliert. Außerdem ist die _Asche_ ein natürlicher _Dünger_ für den Wald. In Gebieten mit überwiegend trockenem Klima gibt es eine Besonderheit bei Waldbränden. Hier wachsen zum Beispiel _Mammutbäume_. Sie lassen ihre Samen erst nach einem Waldbrand fallen, da die _Jungbäume_ nun ausreichend _Platz_ zum Wachsen haben.
2. _Individuelle Schülerantworten:_ Gerade im Sommer ist es heißer und trockener als zu anderen Zeiten im Jahr. Damit ist natürlich auch der Wald wesentlich trockener und kann leichter brennen. Ich muss sehr achtsam sein: Ich darf kein Lagerfeuer machen, keine Glasflaschen oder Zigaretten in den Wald werfen.

Station 8: Dürrekatastrophen und ihre Folgen

Seite 41

1.

2. • klimatische Bedingungen wie Hitze (sehr heißes Klima) und wenige Niederschläge
   • Brandrodung liefert kurzfristig fruchtbaren Boden, langfristig werden durch großflächige Rodungen die Flächen der Abtragung durch Wasser und Wind schutzlos ausgeliefert und sind daher kaum noch nutzbar.
   • Wirtschaftliche Nutzbarmachung und ungünstige Bodennutzung (Holzraubbau, monokulturelle Landwirtschaft) bedingen die Austrocknung der Gebiete sowie Erosionen.
   • Überweidung durch Vieh
3. • Wüsten weiten sich aus, kaum Vegetation/Bodenfruchtbarkeit vorhanden, Verlust von Acker- und Weideland
   • fehlende Lebensgrundlage für Mensch und Tier: Wassermangel; ausbleibende oder vertrocknende Ernte und damit einhergehender Hunger
   • Konflikte um Boden, Wasser und Nahrung
   • bedrohte Lebensräume für Tiere und Pflanzen

Station 1: Wasser – kostbar wie Gold

Seite 42

1. Die Erde hat 1,409 Mrd. km³ Wasser. Davon ist 97 % Salzwasser.
2. Weltweit leiden über eine Milliarde Menschen an Trinkwasserknappheit.
3. Folgen sind Krankheiten und Tod. Es drohen zudem Kriege, Konflikte und soziale Unruhen um Wasserrechte.
4. 70 % fließen weltweit auf Felder und Äcker.
5. In mehr als 80 Ländern herrscht chronischer Wassermangel. Saudi-Arabien, Yemen, Israel, Tunesien, Kenia, Burundi, Algerien, Ruanda, Malawi, Somalia (siehe: http://www.geospot.de/wasserkonflikt/ressource.htm, http://www.geospot.de/wasserkonflikt/index.htm)
6. Durch den Bau von Stauseen und Dämmen an den Oberflächen der Flüsse kann der Verlauf der Gewässer und die Wassermenge, die am Unterlauf ankommt, reguliert werden. Solche Mittel können eingesetzt werden, um Gegner zu schwächen. Dem Irak droht z. B. ein Wassernotstand, sollte die Türkei die Quellflüsse von Tigris und Euphrat aufstauen. Mexiko und die USA streiten sich um die Flüsse Rio Grande und Rio Colorado. Weltweit überschreiten über 200 Fließwassersysteme nationale Grenzen. Große Konfliktpotenziale liegen insbesondere in den Trockengebieten (z. B. Nilregion).

Station 2: Hunger gehört zum Alltag

Seite 43

1. Das Ziel, die Zahl der Hungernden von damals 800 Millionen (1996) zu halbieren, wurde nicht erreicht. Jeder siebte Mensch auf der Welt hungert (2010). Das sind ca. 1,2 Milliarden Menschen.
2. In 29 Ländern herrscht laut „Welthungerindex 2009" eine gravierende *Hungersituation*. Für den weltweiten Hungeranstieg kann neben Kriegen, AIDS, unfähiger Regierungsarbeit die globale Wirtschafts- und Finanzkrise verantwortlich gemacht werden. Häufig mangelt es an politischer Durchsetzungsfähigkeit, um den Hunger der Bevölkerung zu stillen, auch wenn die technischen und ökonomischen *Mittel* vorhanden sind.
   Um die Erde vollständig vom Hunger zu befreien, muss die globale *Getreideerzeugung* um 50 Prozent gesteigert werden. Der *Aktionsplan* gegen den Hunger sieht vor, die afrikanischen, südamerikanischen und asiatischen Länder zu befähigen, selbst genug *Nahrungsmittel* zu produzieren und ihren Bedarf selbst zu sichern. Bauern werden angeleitet und dabei unterstützt, umweltschonenden und ertragreichen *Ackerbau* zu betreiben. Hinzu kommen Landreformen, bezahlbare Kredite, angemessene Schulbildung und der Zugang zu neuen *Technologien* und deren Anwendungsmöglichkeiten. Häufig fehlen in den Entwicklungsländern die erforderlichen Rahmenbedingungen. Das Angewiesensein auf ausländische Produkte schafft wiederum behindernde Abhängigkeiten zu anderen *Ländern* und zu einzelnen Großunternehmern.
   Fazit: Millionen Menschen sind gefangen in einem *Teufelskreis* der Armut. Sie werden arm geboren, erhalten keine Ausbildung, wachsen in Elendsvierteln auf, wo es keine Arbeit gibt. Hunger, Unterernährung und leichte Anfälligkeit für Krankheiten sind die Folge.

Station 3: Aids – eine weltweite Bedrohung

Seite 44

1.

Regionen	HIV-Infizierte	Aids-Todesfälle
Nordamerika	1 400 000 (1,4 Mio.)	25 000
Karibik	240 000	12 000
Lateinamerika	2 000 000 (2,0 Mio.)	77 000
Westeuropa	850 000	13 000
Nordafrika und Naher Osten	310 000	20 000
Afrika südlich der Sahara	22 400 000 (22,4 Mio.)	1 400 000 (1,4 Mio.)
Osteuropa und Zentralasien	1 500 000 (1,5 Mio.)	87 000
Ostasien	850 000	59 000
Süd- und Südostasien	3 800 000 (3,8 Mio.)	270 000
Ozeanien	59 000	2 000

Bei der Suche auf der Website von UNAIDS hilft folgender Link:
http://data.unaids.org/pub/EPISlides/2009/2009_epiupdate_report_fullpresentation_en.ppt#543,3,Folie 3

Station 3: Aids – eine weltweite Bedrohung

Seite 44

2. Mögliche Ursachen: Präventionsarbeit hat zu spät eingesetzt; Prostitution; Gleichgültigkeit der Infizierten aufgrund mangelnder Perspektiven und Unwissenheit; Tabuisierung, Diskriminierung, Ausgrenzung.
   Das Bundesministerium für wirtschaftliche Zusammenarbeit und Entwicklung (BMZ) unterstützt Entwicklungsländer bei der Bekämpfung des Immunschwäche-Virus (HIV). Beim zwischenstaatlichen Dialog stehen die konkreten Probleme der Partnerländer im Vordergrund. Ziel ist dabei immer, einen für das jeweilige Land möglichst maßgeschneiderten Weg der Bekämpfung des Immunschwäche-Virus (HIV) zu finden. Hervorzuheben ist zudem die Zusammenarbeit mit einer Reihe von internationalen Organisationen, mit der Zivilgesellschaft und der Privatwirtschaft (UNAIDS, WHO, GF, ILO u. a.)

Station 4: Globale Umweltprobleme

Seite 45

1.

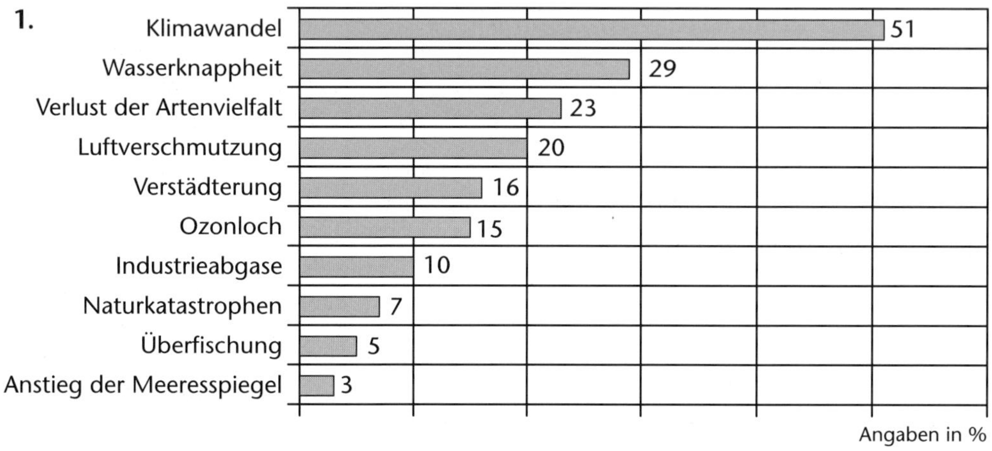

2. Das mit Abstand größte Problem stellt der Klimawandel dar.
3. Weitere Umweltprobleme: Zerstörung der Wälder/Wüstenbildung; Wasserverschmutzung; Mülldeponien; Bodenerosion; Störung der Ökosysteme; Belastung durch Chemikalien; Energieverbrauch; Erschöpfung der natürlichen Ressourcen; Zusammenbruch des biologischen Kreislaufs; Einschleppung fremder Arten; Gentechnik; Meeresverschmutzung; Veränderung von Meeresströmungen; schwer abbaubare Zellgifte

Station 5: Kriege, Krisen und Konflikte

Seite 46

1. http://www.auswaertiges-amt.de/DE/Laenderinformationen/01-Reisewarnungen-Liste_node.html
   *Individuelle Lösungen, zum Beispiel **Haiti**:*
   - Am 12. Januar 2010 wurde Haiti von einem schweren **Erdbeben** der Stärke 7,3 erschüttert. Das Epizentrum lag ca. 16 Kilometer südwestlich der Hauptstadt Port-au-Prince. Das Ausmaß der Schäden ist nach wie vor beträchtlich. Im Großraum der Hauptstadt Port-au-Prince sind viele Gebäude zerstört bzw. beschädigt worden, darunter auch Regierungsgebäude sowie Einrichtungen des öffentlichen Lebens (z. B. Krankenhäuser und Schulen). Der Wiederaufbau mit umfangreicher internationaler Unterstützung ist im Gange. Wichtige und grundlegende Staatsaufgaben können wieder ausgeführt werden. Die Folgen des Erdbebens werden allerdings noch auf längere Zeit sicht- und spürbar bleiben.
   - Ende Oktober 2010 ist in Haiti die **Cholera** ausgebrochen, die bislang 6.400 Todesopfer gefordert hat. Die Epidemie wurde erfolgreich eingedämmt; ein erneutes Aufflammen während der Regenzeit ist jedoch nicht ausgeschlossen.

   Allgemeine Reiseinformationen
   Vor Reisen nach Haiti wird gewarnt. Haiti war bereits vor dem Erdbeben das ärmste Land der westlichen Hemisphäre und gehört zur Gruppe der am wenigsten entwickelten Länder.

Station 5: Kriege, Krisen und Konflikte

Seite 46/47

1. *Zum Beispiel* ***Algerien:***

   Dringende Sicherheitshinweise – Gefahr von Entführungen und Anschlägen
   In den nordafrikanischen und den südlich an die Sahara grenzenden Ländern wächst die Gefahr des islamistischen Terrorismus und krimineller Übergriffe. Sowohl kriminelle Banden als auch Al-Qaida im Maghreb (AQM) suchen derzeit gezielt nach Ausländern zum Zwecke der Entführung; in Algerien, Niger, Mali und Mauretanien kam es auch in jüngster Zeit zu Entführungen. Wirksame Gegenmaßnahmen gegen diese Terrorgruppe zeichnen sich nicht ab. Es ist, wie aktuelle Hinweise bestätigen, jederzeit mit weiteren Entführungen westlicher Staatsangehöriger zu rechnen. Gerade auch deutsche Staatsangehörige sind einer deutlich ansteigenden Anschlags- und Entführungsgefahr ausgesetzt.
   Das Auswärtige Amt rät von Reisen in entlegene, nicht hinreichend durch wirksame Polizei- oder Militärpräsenz gesicherte Gebiete der Sahara und ihrer Randbereiche eindringlich ab.
   Deutlich erhöhte **Anschlags- und Entführungsrisiken** bestehen u. a. für touristische Ziele, an denen regelmäßig westliche Staatsangehörige verkehren. In einigen Gebieten, insbesondere in der Sahel-Sahara-Region, sind Sport- und Kulturveranstaltungen wie Wüsten-Rallyes oder Musikfestivals mit erheblichen Anschlags- und Entführungsrisiken verbunden.
   Die Sicherheitsrisiken für Reisende differieren von Land zu Land und sind regelmäßig selbst innerhalb eines Landes unterschiedlich zu bewerten. Das Auswärtige Amt rät daher dringend, immer auch die landesspezifischen Sicherheitshinweise zu beachten.

2. 1. Georgien 2. Mali 3. Pakistan 4. Libanon 5. Palästinensische Gebiete 6. Afghanistan 7. Demokratische Republik Kongo 8. Haiti 9. Irak 10. Somalia

4. Die meisten Kriege finden in Afrika und Asien statt.

5. Der Begriff „Embargo" kommt aus dem Spanischen und heißt „in Beschlag nehmen". Ein Embargo wird gegen ein Land ausgesprochen, um es wirtschaftlich zu schwächen. Es geht um die Unterbindung des Imports und Exports von Waren oder Rohstoffen in und aus einem bestimmten Land, da zuvor zumeist gegen Völkerrechte verstoßen wurde. Durch das Embargo soll der entsprechende Staat dazu gebracht werden, diese wieder zu beachten.

6. Einen erheblichen Teil ihres Staatsbudgets stecken diese Länder in die Rüstung. Geld für Bildung, Gesundheit, soziale Versorgung ist nicht mehr vorhanden.
   Aufgerüstet wird, um Kriege zu führen. Über die Hälfte der geführten Kriege sind innergesellschaftliche Kriege, bei denen es um die Macht im Staat geht. Religions-/Stammeskriege und zwischenstaatliche Kriege sind weitere Kriegstypen in der Dritten Welt. Die hohen Militärausgaben sind nicht nur eine moralische und sicherheitstechnische Problematik, sie behindern zudem die Armutsbekämpfung und das wirtschaftliche Wachstum.

Station 6: Flucht aus der Heimat

Seite 48

1. Der Begriff „Asyl" kommt aus dem Griechischen und bedeutet „Heim", „Unterkunft" und „Zufluchtsort". Menschen, die in ihren Heimatländern wegen ihrer religiösen oder politischen Einstellungen verfolgt, verhaftet, gefoltert, mit dem Tod bedroht oder fast umgebracht werden, fliehen und bitten in anderen Ländern um Asyl. Dort möchten sie ohne Bedrohung und Verfolgung leben und arbeiten.

Station 6: Flucht aus der Heimat

Seite 48/49

2. a) Die meisten Asylantragsteller in der EU kamen aus Asien, die zweitmeisten aus Afrika. 2007 waren es insgesamt 124.795 Asylsuchende, 2008 insgesamt 132.307.
   b) Serbien und Teile der Russischen Föderation sowie der Türkei liegen in Europa.
   c) Die Antragszahlen sind um ca. 28% zurückgegangen.
   d) **Somalia:** Anhaltende Kämpfe zwischen Regierungstruppen und der Opposition und ein erschreckendes Ausmaß an Gewalt zwingen immer mehr Menschen in Somalia zur Flucht. Nach mehr als 20 Jahren Bürgerkrieg sind 3,2 Millionen Menschen in Somalia auf Hilfslieferungen angewiesen und 1,1 Millionen Menschen auf der Flucht.
   Afghanistan: Die Menschenrechtslage ist weiterhin besorgniserregend. Mangelnde Sicherheit durch Anschläge der Taliban und ein schwacher Staat sind die Ursachen für die anhaltende Gewalt.
   Nigeria: Dort ist es äußerst schwierig, die Menschenrechte durchzusetzen, weil der ganze Polizeiapparat und die Justiz korrupt sind. In diesem Land steht Folter auf der Tagesordnung. Zudem kommt es häufig zu Konflikten zwischen Religionsgruppen, insbesondere zwischen Christen und Moslems, die viele Todesopfer fordern.
3. Migration
4. • ihrer **Rasse**
   • ihrer **Religion**
   • ihrer **Nationalität**
   • ihrer **Zugehörigkeit zu einer bestimmten sozialen Gruppe**
   • ihrer **politischen Überzeugung**
5. Menschen, die vor den Folgen von Naturkatastrophen fliehen, werden „Klimaflüchtlinge" genannt. Die Genfer Flüchtlingskonvention von 1951 erkennt Umweltzerstörung (noch) nicht als Fluchtgrund an. Auch im Asylrecht sind Klimaflüchtlinge nicht anerkannt.
6. Die wichtigste Form der EU-Binnenmigration sind Arbeitskräftewanderungen (hohe Einkommen bei hohen Beschäftigungschancen).

Station 7: Globalisierung: Fluch oder Segen?

Seite 50/51

1. Lösung: weltumspannend
   Mit Globalisierung ist gemeint, dass die Welt immer mehr zusammenwächst. Die Wirtschaft, die Politik und die Kultur der Staaten sind immer mehr miteinander verflochten. Die Globalisierung begann erst vor wenigen Jahrzehnten. Wichtige Errungenschaften sind Internet und E-Mail, sodass auch der Kontakt zwischen weit voneinander entfernt liegenden Ländern vereinfacht wurde. Hinzu kamen verbesserte Transportmöglichkeiten und die Liberalisierung des Handels. Das bedeutet, dass jede Firma dort produzieren und verkaufen kann, wo sie möchte. Deutsche Unternehmen bauen z. B. Fabriken im Ausland, da dort weniger Steuern zu zahlen und die Lohnkosten niedriger sind. Die Herstellung der Waren ist in ärmeren Ländern folglich billiger als in Deutschland. Andererseits können sie dort auch nicht so teuer verkauft werden.
2. **Kommunikation:** weltweite Verständigung, Wissenszuwachs, Überflutung mit Informationen, Abbau von Vorurteilen
   Wirtschaft: Schaffung neuer Arbeitsplätze, Umweltzerstörung, Ausbeutung im Süden, geringere Produktionskosten
   Gesellschaft: Demokratisierung, Verlust von Identität und Heimat, Zusammengehörigkeitsgefühl, Nationalismus als Gegenbewegung
3. **Chancen/PRO:** weltweite Verständigung, Wissenszuwachs, Abbau von Vorurteilen, Schaffung neuer Arbeitsplätze, geringere Produktionskosten, Demokratisierung, Zusammengehörigkeitsgefühl
   Nachteile/Kontra: Überflutung mit Informationen, Umweltzerstörung, Ausbeutung im Süden, Verlust von Identität und Heimat, Zusammengehörigkeitsgefühl, Nationalismus als Gegenbewegung
4. **Chancen/PRO:** Vertiefung internationaler Kontakte und Beziehungen, globale Handlungsmöglichkeiten gesellschaftlicher Gruppen
   Nachteile/Kontra: Entstehung einer Informationselite, Verlust von Arbeitsplätzen in Regionen und Branchen, Entsolidarisierung

Station 8: Fairer Handel – ein Gewinn für alle

Seite 52

1. „Fairer Handel ist eine Handelspartnerschaft, die auf Dialog, Transparenz und Respekt beruht und nach mehr Gerechtigkeit im internationalen Handel strebt. Durch bessere Handelsbedingungen und die Sicherung sozialer Rechte für benachteiligte ProduzentInnen und ArbeiterInnen – insbesondere in den Ländern des Südens – leistet der faire Handel einen Beitrag zu nachhaltiger Entwicklung. Fair-Handels-Organisationen engagieren sich – gemeinsam mit VerbraucherInnen – für die Unterstützung der ProduzentInnen, die Bewusstseinsbildung sowie die Kampagnenarbeit zur Veränderung der Regeln und der Praxis des konventionellen Welthandels."
   Gemeinsame Definition der vier internationalen Netzwerke des Fairen Handels: FLO (Fairtrade Labelling Organization), IFAT (International Fair Trade Association), NEWS! (Network of European Worldshops), EFTA (European Fair Trade Association)
2. Die Produkte können in Weltläden und zum Teil in Supermärkten und Discountern erworben werden. Sie haben ein spezielles Gütesiegel: FAIRTRADE
   (siehe http://www.transfair.org/ oder http://www.fairtrade.net/)
3. Zu den absatzstärksten Produkten gehören Kaffee und Fruchtsäfte.
4. Das FairTrade-Siegel signalisiert, dass bei der Herstellung soziale Standards eingehalten werden und die Produzenten einen Mindestpreis erhalten. Den Verbrauchern beschert das ein gutes Gefühl, den Bauern gutes Geld.
5. Es werden Qualität und Geschmack der Produkte erwähnt. Aufgrund des wachsenden Sortiments in Supermärkten und Discountern erhalten die Produkte mehr Aufmerksamkeit. Ein anderer Grund liegt darin, dass der Schwerpunkt der Vermarktung inzwischen auf den Konsumenten liegt. Das Bewusstsein der Kunden für die Bedingungen von Produktion und Herkunft sei gestiegen.
6. Die Konzerne engagieren sich nicht nur aus ethischen Gründen. Sie haben erkannt, dass sie sich hochwertige Rohstoffe in instabilen Regionen sichern können. Sie profitieren von einer direkten Lieferbeziehung zu den Produzenten.

Station 1: Mitgliedsstaaten und Anwärter

Seite 53

1. und 2.

EU-Mitgliedsstaaten	EU-Beitritt	Farbe	Hauptstadt
Belgien	1957	blau	Brüssel
Deutschland	1957	blau	Berlin
Frankreich	1957	blau	Paris
Italien	1957	blau	Rom
Luxemburg	1957	blau	Luxemburg
Niederlande	1957	blau	Amsterdam
Dänemark	1973	grün	Kopenhagen
Irland	1973	grün	Dublin
Vereinigtes Königreich	1973	grün	London
Griechenland	1981	gelb	Athen
Portugal	1986	orange	Lissabon
Spanien	1986	orange	Madrid
Österreich	1995	rot	Wien
Schweden	1995	rot	Stockholm
Finnland	1995	rot	Helsinki
Estland	2004	violett	Tallinn
Lettland	2004	violett	Riga
Litauen	2004	violett	Vilnius
Polen	2004	violett	Warschau
Tschechische Republik	2004	violett	Prag
Slowakei	2004	violett	Bratislava
Ungarn	2004	violett	Budapest

Station 1: Mitgliedsstaaten und Anwärter

Seite 53

1. und 2.

EU-Mitgliedsstaaten	EU-Beitritt	Farbe	Hauptstadt
Slowenien	2004	violett	Ljubljana
Malta	2004	violett	Valletta
Zypern	2004	violett	Nikosia
Bulgarien	2007	rosa	Sofia
Rumänien	2007	rosa	Bukarest

Anwärter: Kroatien, ehemalige Jugoslawische Republik, Mazedonien, Türkei (braun)

Kfz-Kennzeichen: Belgien (B), Deutschland (D), Frankreich (F), Italien (I), Luxemburg (L), Niederlande (NL), Dänemark (DK), Irland (IRL), Vereinigtes Königreich (GB), Griechenland (GR), Portugal (P), Spanien (E), Finnland (FIN), Österreich (A), Schweden (S), Estland (EST), Lettland (LV), Litauen (LT), Malta (M), Slowakei (SK), Slowenien (SLO), Tschechien (CZ), Ungarn (H), Zypern (CY), Bulgarien (BG), Rumänien (RO)

3. Die EU besteht heute aus 27 Mitgliedsstaaten und ihre Bevölkerung umfasst rund 503 Millionen Einwohner. Die Fläche der EU erstreckt sich über ein Gebiet von mehr als 4,3 Millionen Quadratkilometern.

Station 2: Beitrittskandidat Türkei

Seite 54

grün = fett, rot = normal, *blau = kursiv*

Ein Beitritt der Türkei zur EU fördert die Integration der hier lebenden Türken.	Der Großteil der Türkei liegt geografisch gesehen nicht in Europa, sondern in Asien.
Die Türkei respektiert die Menschenrechte nicht ausreichend (Religions-/Meinungsfreiheit, Folterverbot u. a.).	*Unternehmen können nach einem EU-Beitritt anstatt in Deutschland in der Türkei billig produzieren.*
Nach einem Beitritt der Türkei grenzt die EU an Krisenregionen. Der Iran und der Irak wären direkte Nachbarn.	**Die Türkei als modernes demokratisches EU-Mitglied kann ein Vorbild für andere islamische Länder sein.**
Die Türkei bildet das Grenzland zwischen Orient und Okzident.	**Der EU-Beitritt der Türkei fördert wirtschaftliche Reformprozesse.**
Die Geburtenrate in den Kernstaaten Europas sinkt. Dies könnte zu einer Islamisierung Europas führen.	Im Südosten der Türkei gilt immer noch das islamische Recht der Blutrache.
Die Mitgliedschaft der Türkei stabilisiert das dortige politische System und festigt die Demokratie im Land.	**Der EU-Beitritt wird der Türkei seit 1963 in Aussicht gestellt. Glaubwürdigkeit ist ein wesentlicher Punkt.**
Die Türkei leugnet konsequent den Völkermord an den Armeniern und Aramäern.	**Die Türkei ist ein modernes Land. Das Leben in türkischen Großstädten ist westlich geprägt.**
Die Türkei ist kein altmodischer islamischer Gottesstaat. Es gibt eine Trennung von Religion und Staat.	Die türkische Kultur ist orientalisch geprägt, nicht europäisch. Es existiert eine andere Mentalität.

Station 3. Der Reformvertrag von Lissabon

Seite 55

Lösungswort:	F	O	R	T	S	C	H	R	I	T	T
	1	2	3	4	5	6	7	8	9	10	11

Station 4: Die EU-Erweiterung

Seite 56

1.

Fallbeispiel	Verstoß gegen Artikel 6 (1): ja / nein	Begründung
In Bewerberstaat 1 ist die Todesstrafe noch ein häufig angewandtes Strafmaß.	ja	Verstoß gegen Menschenrechte
Bewerberstaat 2 garantiert, dass ein Mensch so lange als unschuldig gilt, bis seine Schuld bewiesen ist.	nein	Achtung demokratischer Grundsätze, Rechtsstaatlichkeit
Bewerberstaat 3 zensiert regierungskritische Medienberichte.	ja	Verstoß gegen Meinungs- / Pressefreiheit
Folter ist in Bewerberstaat 4 ein übliches Mittel bei der Befragung von Straftätern.	ja	Verstoß gegen Menschenrechte, Menschenwürde
In Bewerberstaat 5 haben alle Menschen das Recht, Wohnort, Beruf und Arbeitsplatz frei zu wählen.	nein	Achtung der Grundfreiheiten
Bewerberstaat 6 hat eine alleinige Staatspartei. Nach dem Tod des Präsidenten übernimmt der älteste Sohn die Amtsgeschäfte.	ja	Diktaturregierung
Bewerberstaat 7 achtet die Rechte von Lesben, Schwulen und bisexuellen Menschen nicht. Sie werden öffentlich angefeindet.	ja	Verstoß gegen Menschenrechte, Menschenwürde

Station 5: Die EU und ihre Grenzen

Seite 58

1. Belgien, Frankreich, die Niederlande, Deutschland und Luxemburg legten 1985 fest, die Kontrollen an ihren gemeinsamen Grenzen schrittweise abzuschaffen und eine gemeinsame Sicherheits- und Asylpolitik zu betreiben. Die vertragliche Grundlage wurde in Schengen, einer Stadt in Luxemburg geschaffen. Im Laufe der Jahre sind viele weitere Staaten dem Schengener Abkommen beigetreten. Es regelt zudem, wie eine Verbrecherfahndung international ablaufen soll.
2. Norwegen und Island gehören nicht der EU an, sind jedoch dem Schengener Abkommen beigetreten. Beide Länder sahen wohl Vorteile für sich, in Sicherheits- und Asylfragen mit den angrenzenden EU-Ländern zusammenzuarbeiten.

   1. **Norwegen** 2. **Island**
3. **Vorteile:** Reisefreiheit (keine Staus und Wartezeiten an den Grenzen, keine Passkontrolle); gemeinsames Fahndungssystem; gegenseitige Rechtshilfe in Strafangelegenheiten.

   Nachteile: Wohlstandsgefälle zwischen Mitgliedern und den außenstehenden Staaten wird vergrößert; Flüchtlinge konnten einst in verschiedenen Staaten einen Asylantrag stellen. Jetzt ist es ihnen nur noch möglich, in einem Land Asyl zu beantragen. Im Falle einer Ablehnung müssen sie die Europäische Union verlassen.
4. Großbritannien ist seit 1973 EU-Mitglied. In vielen Bereichen nehmen die Briten eine Sonderrolle ein. Sie bezahlen weiterhin mit Pfund und nicht mit Euro. An ihren Grenzen werden EU-Bürger noch kontrolliert. Besonders umstritten ist der sogenannte „Britenrabatt", der festlegt, dass Großbritannien weniger Geld an die EU zahlt als andere Länder. Diese Regelung hat die damalige Premierministerin Thatcher im Jahre 1984 ausgehandelt.

Station 6: Wirtschafts- und Währungsunion

Seite 59/60

1.

1	Am 1. Juli **1990** begann die Wirtschafts- und Währungsunion (WWU). Damals wurden sämtliche **Beschränkungen** des freien Waren-, Personen-, Dienstleistungs- und Kapitalverkehrs innerhalb der EU-Mitgliedsstaaten abgebaut.
2	Am **1. Januar 1994** wurde das Europäische Währungsinstitut (EWI) gegründet, die Vorgängereinrichtung der Europäischen Zentralbank (EZB, errichtet Juni 1998). Zwischen 1994 und 1998 mussten alle EU-Staaten die **Aufnahmebedingungen** (Konvergenzkriterien) für die Einführung des Euro im Jahre 1999 (Währungsunion) erfüllen. Die **Wirtschaftspolitik** der Mitgliedsstaaten musste so ausgerichtet sein, dass die vertraglich festgelegten Stabilitätsziele erreicht wurden.
3	Die **dritte** und letzte Stufe der WWU begann am 1. Januar **1999** mit der Festlegung der Wechselkurse der Währungen der elf teilnehmenden EU-Staaten (Belgien, Deutschland, Irland, Spanien, Frankreich, Italien, Luxemburg, die Niederlande, Österreich, Portugal und Finnland) sowie der Einführung des Euro als einheitliche Währung. Obwohl **Großbritannien** und Dänemark die Aufnahmebedingungen erfüllten, wollten sie zum damaligen Zeitpunkt noch nicht beitreten. Während die Staaten untereinander bereits seit dem 1. Januar 1999 mit dem Euro rechneten und handelten, erfolgte die **Ausgabe** der Euro-Münzen und Euro-Noten an die EU-Bürger erst am 1. Januar 2002.

2. Länder der Eurozone: Belgien, Deutschland, Finnland, Frankreich, Griechenland, Irland, Italien, Luxemburg, Niederlande, Österreich, Portugal, Spanien, Slowenien, Malta, Zypern und die Slowakei.
3. 2008 mussten die Briten die Abwertung des Pfundes um rund 27% gegenüber dem Euro hinnehmen. Dies hat jedoch den Vorteil, dass Exportgeschäfte wesentlich billiger geworden sind. Zudem ist inzwischen nicht mehr New York das beliebteste Reiseziel (bedingt durch den schwachen Dollar) für einen Shopping-Trip, sondern London. Ein weiterer wichtiger Aspekt für das Festhalten am Pfund ist die emotionale Bindung der Briten an ihre Währung.
4. In Montenegro und im Kosovo ist der Euro offizielles Zahlungsmittel.
5. **Vorteile der gemeinsamen Währung:** keine Kosten für das Umwechseln von Währungen bei der Bank; Vergleichbarkeit der Preise.

Station 7: Der EU-Binnenmarkt

Seite 61

1.	2.	3.	4.	5.	6.
E	U	R	O	P	A

7.	8.	9.	10.	11.	12.	13.	14.	15.	16.
G	R	E	N	Z	E	N	L	O	S

Station 8: Arme und reiche Regionen

Seite 62/63

1. Viele Menschen stellen in den *Ländern* der Europäischen Union im Lauf eines Jahres eine Menge Waren her (z. B. Autos, Elektrogeräte, Möbel usw.). Diese *Sachgüter* haben einen bestimmten *Wert*. Hinzu kommen *Dienstleistungen*, die z. B. von Verkäufern in Geschäften, Malern und Lackierern auf Baustellen, Erziehern in Kindergärten und Heimen erbracht werden. Diese unterschiedlichen Tätigkeiten lassen sich mit *Geld* bewerten. Die wirtschaftliche *Leistungsfähigkeit* eines Landes wird berechnet, indem der Wert der Dienstleistungen und Sachgüter addiert und die Summe durch die Anzahl der Einwohner dividiert wird. Man erhält dann das sogenannte *Bruttoinlandsprodukt* (abgekürzt BIP). Hinzu kommt, dass es von Land zu Land bzw. Region zu Region unterschiedlich ist, was mit einem bestimmten Geldbetrag gekauft werden kann. Um *Lebensstandards* vergleichbar zu machen, müssen auch diese Kaufkraftunterschiede Berücksichtigung finden. Dies erfolgt durch die Ermittlung des Kaufkraftstandards (abgekürzt *KKS*), eine von der Landeswährung unabhängige künstliche *Währung*, die Verzerrungen aufgrund von unterschiedlichen Preisniveaus in den einzelnen Ländern ausschaltet. Ein KKS entspricht dem EU-Durchschnitt für einen *Euro*. KKS werden in 100 ausgedrückt. Ist der Wert größer als 100, so liegt das BIP pro Kopf über dem Durchschnitt des Landes bzw. der Region (und umgekehrt).
2. Früher wurde der Begriff „Bruttosozialprodukt" verwendet.
3. a) Im Jahr 2006 lag das BIP je Einwohner, ausgedrückt in KKS, in den europäischen Verwaltungseinheiten (Regionen) der EU-27 zwischen **25** % des Durchschnitts der EU-27 in der Region Nord-Est in **Rumänien** und **336** % in der Region Inner London im Vereinigten Königreich Großbritannien und Nordirland.
   b) Die Regionen Oberbayern und Hamburg lagen über 160 % des EU-27-Durchschnitts.
   c) Es fällt auf, dass sich die 20 ärmeren Regionen auf drei osteuropäische Länder verteilen: Rumänien, Polen und Ungarn.
4. Die EU hat sogenannte Strukturfonds eingerichtet, um die Unterschiede auszugleichen und den Lebensstandard in ärmeren Regionen zu erhöhen.

Station 9: Der Außenhandel der EU

Seite 64/65

1. a) Die EU hatte 1999 eine positive Handelsbilanz mit den USA, Kanada und Australien.
   b) Die EU hatte 1999 eine negative Handelsbilanz mit China, Russland, Japan und Südkorea.
   c) Die EU hatte 2006 eine positive Handelsbilanz mit den USA, Kanada und Australien.
   d) Japan
   e) China löste 2006 die USA als wichtigstes Einfuhrland der EU ab.
2. a) Der Handel mit China verzeichnete im Zeitraum 1999 – 2006 ein extrem hohes Wachstum. Die Handelsbilanz ist weiterhin negativ.
   b) Die Einfuhren aus China sind im Jahresdurchschnitt um ca. 20 % gestiegen.
3. Zwei Hauptimportwaren sind Maschinen und elektronische Waren.

Station 10: Kampf gegen den Klimawandel

Seite 66

2. Hauptanliegen ist die verbindliche Absenkung des Treibhausgasausstoßes bis zum Jahr 2020 um ein Fünftel. Ferner sollen bis dahin 20 % des Energiemixes aus erneuerbaren Energien stammen. Schrittweise soll der Kohlendioxidanteil in Abgasen von Neuwagen bis 2015 schrittweise auf durchschnittlich 120 Gramm je Kilometer gesenkt werden.
3. Siehe: http://marktcheck.greenpeace.at/5309.html
4. Zu den erneuerbaren Energien gehören Windkraft, Solarenergie und Biomasse.
   Vorteile: Energiesicherheit (Verbraucher sind weniger von Energieimporten abhängig; Ölpreisschwankungen, politische Ereignisse); Umwelt-, Klima-, Gesundheitsschutz; Wirtschaftsförderung (Schaffung neuer Arbeitsplätze bei Entwicklern, Herstellern und Betreibern)

Station 11: Wissenswertes aus den EU-Staaten

Seite 67/68

Lösungswort:

E	U	R	O	P	A	W	I	S	S	E	N
1	2	3	4	5	6	7	8	9	10	11	12

Station 12: Teste dein Wissen rund um die EU

Seite 69

1. Ziele der EU:	**2. Die europäische Flagge steht für**
☒ dauerhafter Frieden	☒ Einheit zwischen den Völkern.
☒ Kampf gegen den Klimawandel	☒ Solidarität.
☒ Arbeitsplätze und Wohlstand	☒ Harmonie.
3. Eckdaten zur EU:	**4. Europa-Hymne:**
☒ mehr als 4,3 Mio. km^2	☐ Melodie von Mozarts Zauberflöte
☒ ca. 490 Millionen Einwohner	☐ Melodie von Schuberts Forellenquintett
☐ 12 sogenannte Amtssprachen	☒ Beethovens Melodie der 9. Sinfonie
5. Zur Eurozone gehören	**6. Das bevölkerungsreichste Land ist**
☐ 12 Staaten.	☐ Großbritannien.
☒ 16 Staaten.	☒ Deutschland.
☐ 27 Staaten.	☐ Frankreich.
7. Grundrechte der EU-Bürger:	**8. Die EU ist**
☒ Recht auf Menschenwürde	☒ die größte Handelsmacht der Welt.
☒ Recht auf freie Meinungsäußerung	☐ ein unbedeutender Automobilexporteur.
☒ Recht auf Freiheit und Sicherheit	☒ ein wichtiger Handelspartner der USA.

Quellenverzeichnis

Arbeitsmethoden im Erdkundeunterricht

Station 1: Knippert, Ulrich u.a.: Haack Weltatlas; Klett-Perthes Verlag; 2008, S. 45

Station 2: Klimadiagramme Berlin, Karesuando, Malaga und Manaus: www.klimadiagramme.de © Bernhard Mühr

Station 4: Berufspendler von und nach Berlin © Senatsverwaltung für Stadtentwicklung Berlin, Broschüre „Mobilität der Stadt: Berliner Verkehr in Zahlen", Ausgabe 2007

Station 5: Erwerbstätige in Deutschland nach Wirtschaftssektoren © Statistisches Bundesamt, Wiesbaden 2010

Leben mit unterschiedlichen Bedingungen

Station 5: © Daniel Bleyenberg. Aus: Daniel Bleyenberg: Lebendige Tafelbilder Erdkunde, Auer Verlag, 2009

Station 6: Klimadiagramme Moskau, St. Petersburg und Königsberg: www.klimadiagramme.de © Bernhard Mühr

Station 8: Knippert, Ulrich u.a.: Haack Weltatlas; Klett-Perthes Verlag; 2008, S. 146

Pulverfass Erde

Station 1: Erdkunde. Fakten nachschlagen, Zusammenhänge erkennen, Prüfungen vorbereiten, H+I Verlagsgesellschaft, 2000, S. 325

Station 3: www.wikipedia.de © This file is in the public domain because it was created by NASA. NASA copyright policy states that „NASA material is not protected by copyright unless noted". Erdkunde. Fakten nachschlagen, Zusammenhänge erkennen, Prüfungen vorbereiten, H+I Verlagsgesellschaft, 2000, S. 325

Die Welt auf dem Prüfstand

Station 7: www.klett.de/Fundamente online

Die Europäische Union (EU)

Station 1: Europakarte © WoGi – Fotolia.com

Station 4: www.tagesschau.de

Station 6: Europakarte © WoGi – Fotolia.com

Station 9: Xenellis, Georgios/Pongas, Evangelos: Statistik kurz gefasst. Allgemeine und Regionalstatistiken, 4/2008 © Europäische Gemeinschaften 2008